RENÉ CHAR

LA SORGUE
ET AUTRES POÈMES

Classiques Hachette

Texte établi d'après l'édition définitive et les éditions originales.

Avant-propos, notes explicatives, questionnaires, notices, documents et parcours thématique

établis par

Marie-Claude CHAR
et Paul VEYNE,
professeur au Collège de France.

SOMMAIRE

Document de couverture : autographe et aquarelle de René Char pour le poème *Déclarer son nom* (cf., *infra*, p. 126).
Photographie : Olivier Borst.

ISBN : 2-01-020531-6

TABLE ALPHABÉTIQUE DES TEXTES[1]

1. L'italique signale un *incipit* ; le romain, un titre de poème.

Crédits photographiques
• © A.D.A.G.P. : pp. 28 (coll. part.), 34 (coll. part.), 40 (coll. part.).
• © photo. Bulloz : pp. 10 (Poussin, *Vénus et Adonis,* Musée de Montpellier), 80 (La Tour, *Le Tricheur à l'as de carreau* [détail], Paris, Musée du Louvre).
• © S.P.A.D.E.M. : pp. 17 (photo. Yvon), 19 (photo. Bulloz), 50 (coll. part.), 75 (photo. Gaspari), 82 (coll. part.), 212 (enveloppe, illustrée par Picasso, d'une lettre d'Eluard à Char, portant, en guise de cachet, la mention *Le Marteau sans maître,* titre du premier recueil de Char [1934], coll. part.), 214 (clin d'œil malicieux de Char à Picasso, le 15/09/1965, coll. part.).
• © éditions Gaud : pp. 24 (Matteo Giovanetti, *La Chambre du Cerf : la chasse au furet,* fresque de 1343, Avignon, Palais des Papes), 101.
• © photo. Hachette : pp. 30, 46, 65, 66, 84 (page autographe du poème *Envoûtement à la Renardière* [1941], coll. part.), 147, 148, 208 (première lettre d'Eluard au jeune Char alors inconnu, coll. part.), 210 (coll. part.), 211 (coll. part.).
• © photo. H. Grindat (*in* A. Camus, *La Postérité du Soleil,* préface et postface de R. Char, © E. Engelberts et Éditions de l'Aire, 1965) : pp. 68 (la Sorgue au partage des eaux), 78, 110, 122.
• © photo. Enguerand : pp. 119 (La Tour, *La Madeleine pénitente* [détail], Paris, Musée du Louvre), 145.
• D.R. (coll. part.) : pp. 14 (Louis Fernández, *Portrait de femme,* 1955, tableau ainsi dédicacé : « *Pour René Char, fraternellement* »), 70 (photo. L. Özkök), 72 (naissance de la Sorgue à Fontaine de Vaucluse), 95 (Char en 1975, âgé donc de 68 ans, photo. L. Özkök), 99 (Char en 1934, âgé donc de 27 ans), 104 (photo. L. Özkök), 113, 129, 131, 133, 135 (*Les Névons,* propriété familiale des Char à L'Isle-sur-Sorgue), 137, 145, 164, 167 (frontispice d'*Artine* [1930]), 187, 200, 205 (photo. Dr U. Bergweiler), 220, 222, 223 (carto. J.-Ph. Morel, in *Belvédère,* ex-magazine européen du groupe *L'Express,* n° 2, juin-juillet 1991).

Ce petit livre aurait pu s'intituler Anthologie de René Char. Conformément à l'esprit de la collection où il paraît, il vise à la délectation esthétique des lecteurs et à leur enrichissement intérieur par la fréquentation des grands textes ; l'histoire littéraire a sa place ailleurs, comme connaissance désintéressée et comme guide à travers les œuvres qui méritent encore d'être lues. Cependant, s'agissant d'un écrivain disparu depuis peu, il nous est arrivé de sacrifier au goût du souvenir et de l'anecdote.

On ne lit généralement pas ces poèmes pour s'instruire, mais pour leur intensité, leur émotivité perpétuelle, leur grâce souvent déchirante et les jets de sang artériel qui jaillissent, par endroits, de leur surface. Une longue expérience nous a montré que René Char avait trouvé ses lecteurs dans les milieux professionnels et culturels les plus différents et qu'en cette affaire le goût individuel l'emportait sur les réactions collectives. Ceux qui ont parlé de mode, d'ésotérisme ou de snobisme ont pris leurs désirs pour des réalités. À côté des amateurs de poésie pure, d'autres aiment légitimement ce que cette œuvre a de largement humain, d'une sensualité violente à la haute spiritualité, de l'engagement politique au sens de la nature, de la générosité et de l'amour de la beauté à l'angoisse de la mort. Et une ample vision des hommes et des choses, une réflexion profonde et personnelle ; jamais le mot de « lyrisme » n'a été aussi peu synonyme de « lieux communs ».

La poésie vit et amène dans une région qui n'est pas celle des idées claires et distinctes. Nous avons pourtant cru qu'il n'était pas impossible de parler d'une façon claire de choses qui ne le sont pas et ne doivent pas le devenir. Le compliment que nous aimerions le plus avoir mérité serait de n'avoir jamais cédé au pathos.

AVERTISSEMENT

Le choix des poèmes, dont nous aurions volontiers doublé le nombre, trahit fatalement nos préférences individuelles, mais il ne répond qu'à des critères esthétiques. Nous n'avons pas hésité à reproduire des textes considérés comme difficiles. L'ordre dans lequel les poèmes sont présentés n'est pas chronologique ; nous avons cherché simplement la variété. Cependant, la présentation des cinq ou six premiers poèmes a quelque chose de plus didactique ; c'est une espèce d'initiation graduée. Le caractère particulier de beaucoup de ces poèmes appelait une quantité inusuelle de notes et suppose en même temps que les lecteurs ne les liront pas. Les appels de note ne doivent pas être pour ceux-ci un signal d'alarme ; leurs yeux ne quitteront le texte pour descendre vers le bas de la page que si un passage leur est désagréable par son opacité ; nous avons essayé de prévoir tous les endroits, différents d'un lecteur à l'autre, où ce désagrément pouvait se produire.

REMERCIEMENTS

Nous remercions les éditions HACHETTE,
et particulièrement Véronique BEDIN
et Denis ROGER-VASSELIN, qui n'ont pas hésité
à publier un écrivain contemporain
dans une collection classique et ont fait preuve
de beaucoup de compréhension pour tout ce que
cette entreprise entraînait de dérogations
aux sages règles de la collection.
Nous remercions aussi les éditions GALLIMARD,
qui ont autorisé la reproduction de ces textes.

René Char aux Busclats.

Né sept ans avant la Première Guerre mondiale, René Char est mort peu avant la chute du mur de Berlin : longue existence en un siècle agité entre tous. Mais le non-conformisme de l'homme fit qu'il ne s'attacha jamais à l'actualité, ni, donc, ne vieillit avec elle ; par exemple, il demeura étranger à Marx et à Freud, chose rare en ce siècle (il préférait Sade et Nietzsche). Il a été avant tout poète, mais a écrit aussi des essais, de la critique d'art et une pièce de théâtre, Le Soleil des eaux. Il naît dans le Vaucluse en 1907, à L'Isle-sur-Sorgue, dont son père était maire. Après une jeunesse agitée et révoltée, il rejoint en 1929 le groupe surréaliste, devient l'ami d'Eluard, de Picasso, puis se sépare peu à peu du groupe, tout en continuant à partager ses positions antifascistes. Mobilisé en 1939 sur le front d'Alsace, il va, après la déroute de 1940, résider dans le Vaucluse, où la police le surveille. Dès 1941, il entre dans la clandestinité et dans la résistance armée, où il se distingue par son courage et son sang-froid. Après la Libération, il renonce à toute carrière politique et publie deux recueils qui établissent sa renommée, Seuls demeurent (1945) et Le Poème pulvérisé (1947), bientôt réunis dans Fureur et Mystère (1948). Il devient l'ami d'Albert Camus, de Georges Braque et de Nicolas de Staël ; Pierre Boulez compose trois cantates sur ses poèmes ; Martin Heidegger est, pendant quelques étés, son invité. En 1965, il organise une campagne de manifestation contre l'implantation, en Haute-Provence, d'une base de lancement de fusées atomiques. En 1978, il quitte Paris pour aller vivre non loin de L'Isle-sur-Sorgue, dans sa maison des Busclats, où il meurt en 1988. Ses poèmes ont été traduits en une vingtaine de langues ; il laisse le souvenir d'un personnage hors du commun.

CONGÉ AU VENT

À flancs de coteau du village bivouaquent[1] des champs fournis de mimosas. À l'époque de la cueillette, il arrive que, loin de leur endroit, on fasse la rencontre extrêmement odorante d'une fille dont les bras se sont occupés durant la journée aux fragiles branches. Pareille à une lampe dont l'auréole de clarté serait de parfum, elle s'en va, le dos tourné au soleil couchant.
Il serait sacrilège de lui adresser la parole.
L'espadrille foulant l'herbe, cédez-lui le pas du chemin.
Peut-être aurez-vous la chance de distinguer sur ses lèvres la chimère[2] de l'humidité de la Nuit[3] ?

SEULS DEMEURENT (1938-1944),
in *FUREUR ET MYSTÈRE*.

---

1. *bivouaquent* : lorsqu'un régiment installe un campement ou *bivouac* pour y stationner, les tentes en sont disposées en files parallèles, et le camp tout entier s'inscrit dans un rectangle. De même, les champs de mimosas tranchent sur le paysage par leur régularité géométrique.
2. *chimère* : imagination vaine, utopie ; la chimère est un animal fantastique, imaginaire. Cette *chimère* semble régner ici sur quelque royaume de *« l'humidité de la Nuit »*.
3. *l'humidité de la Nuit* : pensez à la rosée nocturne. Or ce qui est *humide* n'est pas « sec », aride, dur, insensible ; et l'obscurité indéfinie de la *Nuit* et de ses rêves ou rêveries est préférable à la clarté prosaïque et un peu bornée du Jour.

Questions

Compréhension

1\. *Le poète y insiste : c'est* « loin » *des champs de mimosas que se fait la rencontre ; quel est l'intérêt de cette précision ?*

2\. *Quels détails ou quelles expressions suggèrent que la première idée du passant avait été d'engager la conversation avec la jeune fille et d'obtenir un baiser de ses lèvres ?*

3\. *Mais pourquoi serait-il* « sacrilège » *(et non pas, par exemple, immoral ou impossible) de le faire ?*

4\. *En quoi le* « dos tourné au soleil couchant » *fait-il comprendre que la fille soit* « pareille à une lampe » *? Quel est le nom que les peintres et les photographes donnent à cet effet d'éclairage ?*

5\. *Quel est le rapport bien simple entre les lèvres de la fille et l'humidité de la Nuit ? Et à quel moment de la journée la rencontre a-t-elle lieu ?*

6\. *Le titre,* Congé au vent, *écrit Georges Mounin, est lui-même comme un petit poème suspendu au-dessus du poème et qui infuse en lui. Que veut donc dire ce titre (pensez à* « donner congé », « congédier »*) et quel sentiment suggère-t-il ? Pensez à des expressions telles que* « suivre le vent », « voguer à tous les vents » *ou* « le vent emporta la résolution de notre héros ».

Écriture

7\. *Voilà une saynète gracieuse et familière, très simple en apparence. Quels sont les mots qui évoquent les paysages et les mœurs du Midi ?*

8\. *Qu'a de surprenant l'expression* « rencontre [...] odorante » *? Parlerait-on d'une* « coïncidence parfumée » *?*

9\. *Plus encore, la rencontre est* « **extrêmement** odorante ». *Pourquoi cette exagération ? Pensez à quelque gourmet qui, savourant un plat délicieux, dirait (à qui ?) :* « C'est extrêmement savoureux ! »

10\. « Céder le pas », *c'est s'écarter pour laisser libre passage. À quel titre la jeune fille a-t-elle droit à cette préséance ? Est-ce seulement par déférence envers le sexe féminin ?*

Mise en scène

11. *À qui s'adresse cet impératif :* « Cédez-lui » *? Et que gagne-t-on à laisser la préséance à la jeune fille ?*

12. *Le contraste entre la lumière et le parfum ne fait-il pas songer à d'autres contrastes qui sont dans ce poème ?*

Jeune fille,
salut !
nrf

Bandeau de Claire *(1949).*

MAINTIEN[1] DE LA REINE

Il faut trembler pour grandir
Aujourd'hui mon peuple domine les murailles
Que le soleil m'a choisies pour berceau
Je destine je guide le couple enlacé[2] du mot cœur[3]

S'il découvrait que la terre s'est éteinte
Je le rassurerais en reine.

PLACARD POUR UN CHEMIN DES ÉCOLIERS (1936-1937),
in *DEHORS LA NUIT EST GOUVERNÉE.*

---

1. *maintien* : « manière de tenir le corps et le visage » (Littré). Cette *reine*, qui est la Poésie ou la Beauté, conserve son maintien majestueux dans les pires circonstances et rassure par là ses sujets.
2. *le couple enlacé* : ce couple amoureux, ce sont les lettres liées *o* et *e* du mot *cœur*. En poète, Char croit ou aime croire que les mots ressemblent aux choses qu'ils désignent.
3. *cœur* : Char n'employait jamais le mot *cœur* en un sens sentimental ; dans sa bouche et sous sa plume, le cœur était l'organe de l'énergie et de la survie. Toutefois, au centre du mot *cœur* réside l'amour : sans l'amour de la Beauté qu'il enlaçait, le cœur du poète cesserait de battre, ou du moins sa vie ne serait plus qu'une mort vivante.

Questions

Compréhension

Avant de chercher à «comprendre» ce poème et de se demander de quoi il s'agit ici, le lecteur doit s'abandonner à son imagination. Voilà donc un mystérieux royaume, séparé du reste du monde, où est née une reine qui tient sa légitimité du soleil lui-même. Son règne a connu des débuts difficiles, mais aujourd'hui sa royauté est devenue adulte, et ses fidèles sujets sont en position de force (cependant, chose curieuse, ils dominent ainsi, non sur quelque cité étrangère et ennemie, mais sur les remparts de leur propre cité). La seule tâche de la reine semble être de guider les pas d'un couple amoureux. Nous apprenons alors qu'il pourrait bien arriver que le Feu Central s'éteigne et que notre Terre ne soit plus qu'un globe glacé et sans vie : mais cela n'affecterait visiblement en rien la survie de cette cité royale ; si les sujets apprenaient cette terrible nouvelle, il leur suffirait de voir le maintien majestueux et imperturbable de leur reine pour se sentir rassurés.

1. *Quel est ce mystérieux royaume ? Quels en sont les sujets ? En quoi ont-ils fini par dominer leur propre cité ? D'où vient leur sécurité ?*

2. *Quel nom donneriez-vous à une fiction de ce genre, qui est une sorte de symbole, servant à faire comprendre certaines vérités ?*

Écriture

3. *Il suffit de mesurer l'intervalle entre les six vers du poème et la longue paraphrase qu'on vient de lire, pour apercevoir un trait de l'écriture de Char : le laconisme. Comment cette brièveté est-elle obtenue ? Est-ce simplement en supprimant des mots inutiles ?*

Mise en scène

4. *L'expression* «mise en scène» *s'impose ici, puisque ce poème est comme une tirade déclamée sur un théâtre. Toutefois, si elle était réellement déclamée devant un public en chair et en os, les spectateurs auraient-ils le temps de comprendre les paroles de la reine ?*

Vénus à la capuche, *ivoire sculpté, 23000 av. J.-C.*
Musée national de préhistoire, Les Eyzies-de-Tayac (Dordogne).

MÉDAILLON

Eaux de verte foudre qui sonnent l'extase[1] du visage aimé, eaux cousues de vieux crimes, eaux amorphes, eaux saccagées d'un proche sacre... Dût-il subir les semonces de sa mémoire éliminée, le fontainier[2] salue des lèvres l'amour absolu[3] de l'automne.

Identique sagesse[4], toi qui composes l'avenir sans croire au poids qui décourage, qu'il sente s'élancer dans son corps l'électricité du voyage.

SEULS DEMEURENT (1938-1944),
in *FUREUR ET MYSTÈRE*.

---

1. *l'extase* : le plaisir féminin (l'*orgasme*, comme on dit en un disgracieux langage médical), souvenir brûlant pour l'amant qui essaie d'oublier ce passé et de poursuivre son voyage de la vie.
2. *fontainier* : sourcier, qui a fait jaillir le plaisir amoureux... et fait sourdre aussi cette vérité souterraine qu'est la poésie.
3. *l'amour absolu* : un amour *absolu* n'est donc pas *relatif* : il n'est pas relatif à quelque objet, amante ou poème ; c'est l'amour du repos et des demi-teintes automnales, après un été brûlant de passion ou riche de moissons et laborieux.
4. *sagesse* : cette sagesse n'est pas, comme si souvent, une soumission résignée ou intéressée au monde comme il va ; au contraire, elle est le sentiment, qui renaît toujours pareil à lui-même, qu'un homme a de ses forces vitales ; elle appelle l'espérance et l'audace, qui seules peuvent composer un avenir digne de ce nom.

Le Baiser *de Rodin.*

Questions

Compréhension

Ce beau poème harmonieux, avec l'hymne sensuel du début, a une clarté qui semble complète à première lecture, et il procure une délectation qui peut se croire achevée. Nous avons réduit les notes au minimum, pour ne pas gâter le plaisir des lecteurs. Mais il y a plusieurs niveaux de « compréhension » d'un poème et, parallèlement, plusieurs niveaux de délectation ; c'est accroître son plaisir que de comprendre pourquoi l'orgasme féminin est eau et feu à la fois, en quoi il est amorphe et pourquoi la couleur verte lui convient mieux que la rouge... Et c'est une autre délectation encore que de s'apercevoir que le poème est susceptible d'avoir deux sens à la fois : foudre liquide du plaisir féminin pour l'amant, frisson de plaisir que donne un poème à son créateur et à tout lecteur sensible : « Traverse-nous brûlant, / Aquilin breuvage de liberté », *écrit ailleurs Char ; le plaisir que donnent de beaux vers est celui d'une secousse électrique ou d'une rasade de rhum brûlant. L'intellection du double sens (plaisir féminin, plaisir poétique) donnera aux lecteurs une délectation analogue à celle d'un mélomane dont l'oreille saisit à la fois une mélodie et son accompagnement, ou qui sait suivre la superposition complexe d'une polyphonie ou d'une fugue de Bach.*
Citons, pour finir, deux vers d'un autre poème, intitulé Dehors la nuit est gouvernée, *qui évoquent à la fois le plaisir amoureux et le jaillissement poétique :* « La hampe du coquelicot, révolte et fleur, meurt dans la grâce. / Tout calme est une plainte, une fin, une joie. »

1. *Tous les mots ou presque sont riches de sens, de sensations ou de sentiments :* « eaux de [...] foudre », « sonnent », « vieux crimes », « amorphes », « saccagées », « sacre », « salue » *(mais seulement)* « des lèvres », « composes l'avenir »... *Qu'évoquent pour vous ces mots ?*

2. *Que peut évoquer le titre,* Médaillon *? (Nous y voyons, pour notre part, au moins deux sens possibles.)*

3. *Qu'est-ce qui nous a permis d'affirmer que ce poème pouvait être lu en un second sens ? Y a-t-il un mot dans le texte qui nous autorise à l'affirmer ?*

4. *Serait-il alors possible de lire ce poème en un troisième sens encore et d'y retrouver, par exemple, le frisson de triomphe d'un homme politique gagnant ou d'un général victorieux ?*

MIGRATION

Le poids du raisin modifie la position des feuilles. La montagne avait un peu glissé. Sans dégager d'époque. Toutefois, à travers les ossuaires argileux, la foulée des bêtes excrémentielles en marche vers le convulsif ambre jaune[1]. En relation avec l'inerte.
La sécurité est un parfum. L'homme morne et emblématique vit toujours en prison, mais sa prison se trouve à présent en liberté. Le mouvement et le sentiment ont réintégré la fronde mathématicienne. La fabuleuse simulatrice, celle qui s'ensevelit en marchant, qui remporta dans la nuit tragique de la préhistoire les quatre doigts tabous de la main-fantôme[2], a rejoint ses quartiers d'étude, à la zone des clairvoyances. Dans le salon manqué[3], sur les grands carreaux hostiles, le dormeur et l'aimée, trop impopulaires pour ne pas être réels, accouplent interminablement leurs bouches ruisselantes de salive.

Abondance viendra (1933),
in *Le Marteau sans maître*.

---

1. *ambre jaune* : appelé aussi *électrum*, l'ambre jaune est une résine fossile qui se charge, par frottement, d'électricité statique et provoque une secousse lorsqu'on le touche (c'est le même spasme électrique, à la lecture de beaux vers, que dans *Médaillon*).
2. *main-fantôme* : certaines peintures des grottes préhistoriques sont le décalque d'une main amputée de tous ses doigts, sauf le pouce.
3. *salon manqué* : on dit qu'une salle est *manquée* lorsque sa décoration ou son ameublement sont laids et déplaisants.

Questions

Ce sera sans questions que nous reproduirons ce texte de jeunesse (1933), et sans commentaire. Qu'on ne cherche pas à le déchiffrer : on n'y parviendrait pas ; le plus important est de s'abandonner à ce que cette écriture a de magistral : la capacité presque onirique de créer des symboles imprévisibles, les trouvailles verbales, la sûreté du rythme et aussi le contenu humain : une gaieté rageuse, un ton mordant, sarcastique sur son propre compte.
On peut affirmer qu'à sa parution cette page n'était déchiffrable pour aucun lecteur, même pour un intime du poète tel qu'Eluard ; comment comprendre des métaphores purement personnelles et des références à la vie intérieure la plus secrète de Char ? Qui pouvait deviner que la « montagne » *de la première ligne était la masse d'amour pour la Beauté, cette aimée, qui pesait sans cesse sur le cœur du poète et l'écrasait comme en un étau ? Seule une longue familiarité avec toute l'œuvre postérieure peut permettre d'y voir plus clair.*
Mais qu'on ne s'y trompe pas : ce texte n'a rien d'un galimatias ni d'une écriture automatique ; les pasticheurs, faussaires ou imitateurs naïfs en seraient pour leurs frais ; pas une phrase qui ne soit pleine d'un sens précis, pas un mot qui ne soit employé en toute rigueur ; Char n'écrit jamais à vide. D'autres surréalistes, dont Breton et Eluard, ont cultivé d'autres valeurs, qui ne sont pas moins légitimes : l'ingéniosité verbale, les rencontres, séduisantes ou cocasses, de mots dont on ne cherchera pas la signification, la préciosité d'arabesques verbales qui sont purement décoratives. Mais ce n'est pas le style de Char.

COMPLAINTE DU LÉZARD AMOUREUX

N'égraine pas le tournesol,
Tes cyprès[1] auraient de la peine,
Chardonneret, reprends ton vol
Et reviens à ton nid de laine[2].

Tu n'es pas un caillou du ciel
Pour que le vent te tienne quitte,
Oiseau rural[3] ; l'arc-en-ciel
S'unifie dans la marguerite[4].

L'homme fusille, cache-toi ;
Le tournesol est son complice.
Seules les herbes sont pour toi,
Les herbes des champs qui se plissent[5].

Le serpent ne te connaît pas,
Et la sauterelle est bougonne[6] ;
La taupe, elle, n'y voit pas ;
Le papillon ne hait personne[7].

---

1. *tes cyprès* : le cadre est un champ de tournesols qu'une haie de cyprès protège du vent. Le chardonneret a fait son nid dans cette haie.
2. *nid de laine* : les nids des chardonnerets sont rembourrés d'un conglomérat isolant et chaud, tissé d'herbes, de pailles et de plumes.
3. *Oiseau rural* : aux yeux du lézard, qui niche dans de vieux murs, le chardonneret, qui niche dans les arbres, est un campagnard. Voir le dernier vers.
4. *dans la marguerite* : la marguerite et la pâquerette ont une corolle toute blanche ; les sept couleurs du spectre sont issues de la décomposition de la lumière blanche. Le chardonneret se laisse repérer à son plumage rouge, noir, jaune et blanc ; il n'est pas terne comme un caillou !
5. *qui se plissent* : perché sur les hautes tiges des tournesols qu'il *égraine*, le chardonneret est aisément repérable ; plus frêles, les herbes plieraient sous son poids.
6. *est bougonne* : une sauterelle bondit inopinément de n'importe quel côté, comme si elle ne pensait qu'à fuir un importun.
7. *ne hait personne* : il ne pique pas, il ne ravage pas les récoltes, il ne mange pas d'autres bêtes.

Il est midi, chardonneret.
Le séneçon[1] est là qui brille.
Attarde-toi, va, sans danger :
L'homme est rentré dans sa famille !

L'écho de ce pays est sûr.
J'observe, je suis bon prophète ;
Je vois tout de mon petit mur,
Même tituber la chouette[2].

Qui, mieux qu'un lézard amoureux,
Peut dire les secrets terrestres ?
Ô léger gentil roi des cieux,
Que n'as-tu ton nid dans ma pierre !

Orgon, août 1947.

LA SIESTE BLANCHE (1948),
in *LES MATINAUX*.

1. *séneçon* : plante de la même famille que le tournesol.
2. *tituber la chouette* : on supposerait aisément que la chouette, oiseau nocturne, n'éprouve pas le besoin de dormir ; il est donc piquant de la voir tituber de sommeil ! Ce qui correspond sans doute à une réalité et non à une imagination de poète : René Char était un observateur pénétrant de la nature.

Questions

Compréhension

1. *Pourquoi les cyprès de la première strophe auraient-ils de la peine ?*

2. *Le lézard est amoureux du chardonneret ; il craint pour lui. L'amour, disent les moralistes, est plus grand lorsqu'on aime un être différent de soi plutôt que son semblable. Énumérez alors les différences entre le lézard et le chardonneret.*

3. *Dans quelle mesure derrière le lézard, qui est son porte-parole, si l'on ose dire, se tient un poète émerveillé et attendri ?*

4. *Distinguez la part de l'observateur méticuleux de la nature et celle du poète qui s'amuse à interpréter en termes humains les attitudes des animaux.*

5. *Y a-t-il une idée générale de la nature en ce poème ? Serait-elle, par exemple, mystérieuse, effrayante, ou maternelle ? Ou bien n'y a-t-il ici que des observations de détail et beaucoup d'imagination et de tendresse ?*

6. *Dans ses* Fables, *La Fontaine interprète aussi en termes humains les conduites des animaux ; mais le fait-il de la même manière ?*

7. *Un poète aujourd'hui presque oublié, Leconte de Lisle (1818-1894), a été, lui aussi, peintre de la vie animale ; vous aurez du plaisir à lire, dans ses* Poèmes barbares *:* Le Sommeil du Condor, Les Éléphants *ou* Le Rêve du Jaguar *; vous pourrez alors opposer sa vision de la nature à celle de Char, en particulier dans un autre poème encore,* Les Hurleurs.

Écriture

8. *Dans les poèmes précédents, qui sont en prose ou en « vers » typographiques, inégaux, non rimés et souvent non assonancés, vous avez pu apprécier la sûreté du rythme. Retrouvez-vous ici ce rythme ?*

9. *La grâce légère du poème est facilitée par la syntaxe ; regardez si les phrases sont longues ou brèves, si elles sont syntaxiquement articulées (si elles comportent des subordonnées) et si les propositions sont reliées entre elles par des* « car », *des* « puis », *etc.*

10. *Énumérez la variété des modes du verbe : indicatif, impératif, irréel, souhait, interrogation. Quel effet produit cette variété ?*

11. *La versification de ce poème est facile, peu rigoureuse : elle admet ce que des pédants considéreraient comme des négligences ; voyez-vous des exemples de ces négligences ?*

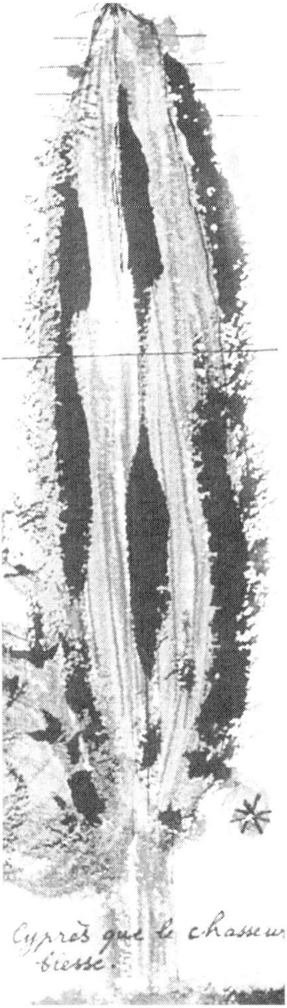

Cyprès que le chasseur blesse,
dessin de René Char.

LA LUXURE

L'aigle[1] voit de plus en plus s'effacer les pistes de la mémoire gelée
L'étendue de solitude rend à peine visible la proie filante
À travers chacune des régions
Où l'on tue où l'on est tué[2] sans contrainte
Proie insensible
Projetée indistinctement
En deçà du désir et au-delà de la mort

Le rêveur embaumé dans sa camisole de force[3]
Entouré d'outils temporaires
Figures aussitôt évanouies que composées
Leur révolution célèbre l'apothéose de la vie déclinante
La disparition progressive des parties léchées[4]
La chute des torrents dans l'opacité des tombeaux
Les sueurs et les malaises annonciateurs du feu central
L'univers enfin de toute sa poitrine athlétique
Nécropole fluviale
Après le déluge des sourciers[5]

---

1. *L'aigle* : Le Poète.
2. *Où l'on tue où l'on est tué* : tuer, c'est écrire, peindre, faire de l'art ; toute œuvre d'art substitue, à un être réel (par exemple, au modèle d'un peintre), une réalité plus parfaite (un tableau, qui est le portrait de ce modèle) et « *tue* » ainsi l'être réel ; qui se souvient de la femme qui fut le modèle de *La Joconde* ?
3. *Le rêveur* [...] *force* : ce *rêveur*, *embaumé* et imputrescible comme une momie, est Sade, prisonnier de la Bastille, puis de l'asile de Charenton ; il y est *entouré* des manuscrits de ses œuvres scandaleuses.
4. *parties léchées* : les parties léchées d'un tableau sont celles où le peintre a appliqué docilement les recettes de l'académisme. Mais Char pensait aussi, à cette époque, à la légende de la mère ourse qui lèche ses petits pour leur donner la forme d'ours convenables ; il voyait là le symbole de l'effacement de l'originalité et de l'énergie individuelles par la famille et la société, qui lissent les vigoureux reliefs.
5. *sourciers* : la « *poitrine athlétique* » du globe terrestre serait toute recouverte d'eau poétique, si triomphaient un jour les tueurs que sont les poètes, ces *sourciers*.

Ce fanatique des nuages
A le pouvoir surnaturel
De déplacer sur des distances considérables
Les paysages habituels
De rompre l'harmonie agglomérée
De rendre méconnaissables les lieux funèbres
Au lendemain des meurtres productifs
Sans que la conscience originelle
Se couvre du purificateur glissement de terrain[1].

Poèmes militants (1932),
in *Le Marteau sans maître.*

W. Kandinsky, pointe sèche pour le recueil de René Char, Le Marteau sans maître *(1934).*

1. *Sans que* [...] *terrain* : sans qu'une strate de conformisme vienne recouvrir l'énergie profonde du moi (le «*feu central*») ; de cette énergie sourdent pareillement la libido sexuelle (d'où l'hommage à Sade), la révolte et la création artistique, aussi «tueuse» que le sadisme.

JACQUEMARD ET JULIA

Jadis l'herbe, à l'heure où les routes de la terre s'accordaient dans leur déclin, élevait tendrement ses tiges et allumait ses clartés. Les cavaliers du jour naissaient au regard de leur amour et les châteaux de leurs bien-aimées comptaient autant de fenêtres que l'abîme porte d'orages légers.

Jadis l'herbe connaissait mille devises qui ne se contrariaient pas. Elle était la providence des visages baignés de larmes. Elle incantait[1] les animaux, donnait asile à l'erreur. Son étendue était comparable au ciel qui a vaincu la peur du temps et allégi[2] la douleur.

Jadis l'herbe était bonne aux fous et hostile au bourreau. Elle convolait avec le seuil de toujours. Les jeux qu'elle inventait avaient des ailes à leur sourire (jeux absous et également[3] fugitifs). Elle n'était dure pour aucun de ceux qui perdant leur chemin souhaitent le perdre à jamais.

Jadis l'herbe avait établi que la nuit vaut moins que son pouvoir, que les sources ne compliquent pas à plaisir leur parcours, que la graine qui s'agenouille[4] est déjà à demi dans le bec de l'oiseau. Jadis, terre et ciel se haïssaient mais terre et ciel vivaient.

---

1. *incantait* : Char a forgé *incanter* d'après *incantation*, pour remplacer *enchanter* dont le sens est très affaibli. Tout le poème raconte les jeux de deux enfants, et surtout leurs rêveries, le soir, lorsqu'ils vont s'endormir dans leurs petits lits.

2. *allégi* : le verbe *allégir* est un terme technique ; un artisan allégit une plaque de cuivre, c'est-à-dire qu'il l'amincit à force de petits coups de marteau ; c'est ainsi que les chocs répétés d'une infinité de petits incidents que comporte l'immense étendue des éventualités finissent par réduire à presque rien la hantise de la mort et la douleur de vivre.

3. *également* : ces jeux sont des accusés auxquels la justice a pardonné, mais *également* des condamnés qui se sont évadés à tire-d'aile et sont en fuite.

4. *qui s'agenouille* : sous le poids de la graine qu'elle porte, la frêle tige de la plante penche vers le sol, si bien que la graine semble être en position de génuflexion.

L'inextinguible sécheresse s'écoule. L'homme est un étranger pour l'aurore. Cependant à la poursuite de la vie qui ne peut être encore imaginée, il y a des volontés qui frémissent, des murmures qui vont s'affronter et des enfants sains et saufs qui *découvrent*[1].

Le Poème pulvérisé (1945-1947),
in *Fureur et Mystère*.

Sainte Marguerite *conduisant ses brebis au pâturage de J. Fouquet,* Livre des Heures d'Étienne Chevalier, *Paris, Musée du Louvre.*

1. *découvrent* : l'italique insiste sur *découvrir* pour l'opposer implicitement à *inventer* ; opposition chère à notre auteur, qui a écrit : « *Celui qui invente, au contraire de celui qui découvre, n'ajoute aux choses, n'apporte aux êtres que des masques, des entre-deux, une bouillie de fer* » (in *La Bibliothèque est en feu*).

Questions

On vient de lire deux poèmes aussi différents l'un de l'autre qu'il est possible ; tous deux jalonnent l'évolution de Char, la maturation de son art. La Luxure *(1931) est l'un des textes les plus forts du jeune poète, alors engagé dans le surréalisme ;* Jacquemard et Julia *(1947) est l'un des chefs-d'œuvre de sa maturité. D'une force frénétique à une grâce puissante. À titre d'échantillon de sa violence juvénile, citons deux aphorismes de 1935 :*

« La poésie est pourrie d'épileurs de chenilles, de rétameurs d'échos, de laitiers caressants, de minaudiers fourbus, de visages qui trafiquent du sacré, d'acteurs de fétides métaphores, etc.
Il serait sain d'incinérer sans retard ces artistes. »

*

« Les longues promenades silencieuses, à deux, la nuit, à travers la campagne déserte, en compagnie de la panthère somnambule, terreur des maçons[1]. »

MOULIN PREMIER.

Compréhension

1. *Que voit en rêve Sade dans sa camisole de force ? Une fiction consolante ? Une fantasmagorie ? La vérité vraie ?*

2. *À propos de* La Luxure, *parleriez-vous de révolte contre l'injustice ? Ou de démystification de la condition humaine ? L'*« harmonie agglomérée » *est-elle la société capitaliste ou toute société ?*

3. *Dans* La Luxure, *quel effet vous font les mots de* « mort », « tombeaux », « nécropole », « lieux funèbres » *?*

4. *À la fin de* Jacquemard et Julia, *que* « découvrent » *donc les enfants ? Le monde réel ? ou celui qu'imaginait leur enfance ? Et que serait un monde* « inventé » *? Serait-ce le monde réel ou un monde utopique ?*
Voici une clé (qui doit être tournée d'une main légère) : en écrivant ce poème, Char, d'après l'une de ses confidences, avait à l'esprit la Révolution française, entre autres choses.

Écriture

5. *Quelles différences distinguez-vous dans le style, le mouvement, les images, etc., de* La Luxure *et de* Jacquemard et Julia *?*

1. Ces *maçons* sont quiconque édifie quoi que ce soit de durable : institutions, sociétés, doctrines... Char préférait les *« nomades »*.

CALENDRIER

J'ai lié les unes aux autres mes convictions et agrandi ta Présence. J'ai octroyé un cours nouveau à mes jours en les adossant à cette force spacieuse. J'ai congédié la violence qui limitait mon ascendant[1]. J'ai pris sans éclat le poignet[2] de l'équinoxe[3]. L'oracle[4] ne me vassalise plus. J'entre : j'éprouve ou non la grâce.
La menace[5] s'est polie. La plage qui chaque hiver s'encombrait de régressives légendes, de sibylles aux bras lourds d'orties, se prépare aux êtres à secourir. Je sais que la conscience qui se risque n'a rien à redouter de la plane[6].

Seuls demeurent (1938-1944),
in *Fureur et Mystère.*

---

1. *ascendant* : le mot est pris au sens astrologique (Char était né sous le signe des Gémeaux, ascendant Lion). À en croire l'astrologie, à laquelle Char s'intéressait en poète, l'*ascendant* est le signe du zodiaque complémentaire de celui sous lequel naît un individu. Char songe à son ascendant, le Lion.
2. *J'ai pris* [...] *le poignet* : si l'on *prend le poignet* de quelqu'un, c'est pour le faire avancer, disait Char.
3. *l'équinoxe* : jour de l'année où la durée du jour et celle de la nuit sont égales ; symbole, ici, d'un équilibre.
4. *L'oracle* : ce sont les décrets d'André Breton, « pape » du surréalisme ; ce sont aussi les décrets esthétiques de la mode et des milieux littéraires. Il en est de même des sibylles.
5. *La menace* : dans la langue de René Char, la *menace* est celle d'un tarissement des facultés créatrices.
6. *la plane* : outil qui sert à aplanir et lisser le bois.

Questions

Jacquemard et Julia *montre ce qu'est devenue la poésie de Char et ce qu'elle restera jusqu'à la fin : un art «classique» ou, comme le dit* Calendrier, *un art de l'équinoxe. Mais ce classicisme est d'une finesse et d'une originalité rares. Il était inutile que nous criblions de notes le texte de* Jacquemard *: le lecteur comprenait tout, ressentait tout, même s'il n'était pas en mesure de tirer au clair la lettre d'un texte subtil et suave; chaque mot éveillait en lui un écho indéfinissable et pénétrant. Nous avons au fond de nous une couche de souvenirs et d'images qui s'est formée, depuis notre enfance, d'expériences fugitives dont nous avons une vague conscience et qu'il nous serait difficile de traduire par des mots, mais qui résonnent et sont riches de sens quand un poète vient les ébranler; ce que Char sait faire comme peu d'écrivains avant lui.* Calendrier *est non moins classique. Dans ce poème, à la veille de la Seconde Guerre mondiale, Char fait le point et se retire en lui-même pour méditer sur la maturation de son art, sur tout ce qui le sépare désormais de textes tels que* La Luxure *; il est très conscient de sa transformation. L'intériorité de ce poème a une chaleur communicative : le poète nous fait participer à sa méditation. Mais le métier de poète n'est pas tout; il est également question d'*«êtres à secourir»...

Compréhension

1. *D'après ce que vous savez de l'histoire des années 1937-1939, à quels* «êtres à secourir» *Char pensait-il?*

2. *Quelle peut être la* «violence» *que le poète congédie? Peut-il s'agir des excès et des utopies de sa jeunesse, qu'un homme mûri répudie?*

3. *À qui le poète s'adresse-t-il quand il dit :* «ta Présence» *?*

Écriture

4. *À première vue, cette méditation est d'un homme qui estime pouvoir désormais avoir confiance en lui-même. Mais certains mots ne trahissent-ils pas quelque inquiétude secrète?*

G. Braque, lithographie pour le recueil de René Char, Lettera amorosa *(1962), in* La Parole en archipel.

LE VISAGE NUPTIAL

À présent disparais, mon escorte[1], debout dans la distance ;
La douceur du nombre vient de se détruire.
Congé à vous, mes alliés, mes violents, mes indices.
Tout vous entraîne, tristesse obséquieuse.
J'aime.

L'eau est lourde à un jour de la source.
La parcelle vermeille[2] franchit ses lentes branches à ton front, dimension rassurée.
Et moi semblable à toi,
Avec la paille en fleur au bord du ciel criant ton nom,
J'abats les vestiges,
Atteint[3], sain de clarté.

Ceinture de vapeur, multitude assouplie, diviseurs de la crainte, touchez ma renaissance.
Parois de ma durée, je renonce à l'assistance de ma largeur vénielle ;
Je boise l'expédient du gîte, j'entrave la primeur des survies.
Embrasé de solitude foraine,
J'évoque la nage sur l'ombre de sa Présence.

Le corps désert, hostile à son mélange, hier, était revenu parlant noir.

---

1. *mon escorte* : l'*escorte* congédiée n'est autre que les différentes aspirations et capacités qu'un individu porte en lui, sa multiplicité interne ; à présent, le poète se sent unifié ou simplifié dans l'amour.
2. *La parcelle vermeille* : si du moins nous comprenons bien, cette *parcelle* est le soleil, minuscule surface *vermeille* sur la vaste étendue bleue du ciel. Ses rayons (« *la paille* ») commencent à peine à s'élever au-dessus de l'horizon (« *au bord du ciel* »), mais parviennent déjà (jusqu') « *à ton front* » qu'ils éclairent : ils semblent être à la même hauteur que ce front. L'aimée mériterait de s'appeler Aurore.
3. *Atteint* : malade ; il est malade et « *sain de clarté* » à la fois.

Déclin, ne te ravise pas, tombe ta massue[1] de transes, [aigre sommeil.
Le décolleté diminue les ossements de ton exil, de ton [escrime ;
Tu rends fraîche la servitude qui se dévore le dos ;
Risée de la nuit, arrête ce charroi lugubre
De voix vitreuses, de départs lapidés.

Tôt soustrait au flux des lésions inventives
(La pioche de l'aigle lance haut le sang évasé)
Sur un destin présent j'ai mené mes franchises
Vers l'azur multivalve, la granitique dissidence.

Ô voûte d'effusion sur la couronne de son ventre,
Murmure de dot noire !
Ô mouvement tari de sa diction !
Nativité, guidez les insoumis, qu'ils découvrent leur [base,
L'amande croyable au lendemain neuf.
Le soir a fermé sa plaie de corsaire[2] où voyageaient les [fusées vagues parmi la peur soutenue des chiens.
Au passé les micas du deuil sur ton visage.

Vitre inextinguible : mon souffle affleurait déjà l'amitié [de ta blessure,
Armait ta royauté inapparente.
Et des lèvres du brouillard descendit notre plaisir au [seuil de dune[3], au toit d'acier.
La conscience augmentait l'appareil frémissant de ta [permanence ;
La simplicité fidèle s'étendit partout.

Timbre de la devise matinale, morte-saison de l'étoile [précoce,

---

1. *tombe ta massue* : que tombe ta massue (subjonctif).
2. *sa plaie de corsaire* : la vaste déchirure rouge que fait dans le ciel le soleil couchant.
3. *Et des lèvres du brouillard* [...] *dune* : L'engluement du corps et la diminution de la conscience du monde extérieur dans le plaisir amoureux.

Je cours au terme de mon cintre, colisée fossoyé[1].
Assez baisé le crin nubile des céréales :
La cardeuse, l'opiniâtre, nos confins la soumettent.
Assez maudit le havre des simulacres nuptiaux :
Je touche le fond d'un retour compact.

Ruisseaux, neume[2] des morts anfractueux,
Vous qui suivez le ciel aride,
Mêlez votre acheminement aux orages de qui sut guérir
[de la désertion,
Donnant contre vos études salubres.
Au sein du toit le pain suffoque à porter cœur et lueur.
Prends, ma Pensée, la fleur de ma main pénétrable,
Sens s'éveiller l'obscure plantation[3].

Je ne verrai pas tes flancs, ces essaims de faim, se dessé-
[cher, s'emplir de ronces ;
Je ne verrai pas l'empuse[4] te succéder dans ta serre ;
Je ne verrai pas l'approche des baladins inquiéter le jour
[renaissant ;
Je ne verrai pas la race de notre liberté servilement se
[suffire.

Chimères, nous sommes montés au plateau.

---

1. *colisée fossoyé* : le *Colisée* est l'énorme amphithéâtre antique de Rome : le poète sent qu'il est devenu monumental ou, plutôt, qu'il achève de le devenir ; il mène l'édifice à son *terme* en posant la clé de voûte des *cintres* qui structurent le Colisée romain. Le colisée de Char est *fossoyé*, entouré d'un fossé comme les châteaux forts. Et pourquoi le Colisée plutôt qu'un autre monument ? Parce qu'au Colisée combattaient des gladiateurs (or Char admirait les gladiateurs) et parce que ce monument est de plan ovale (or Char haïssait ce qui est anguleux et préférait les arrondis)... Ainsi raisonne un poète.
2. *neume* : une *neume* est une mélodie de plain-chant que l'on vocalise, sans paroles.
3. *l'obscure plantation* : les futurs poèmes en germe.
4. *empuse* : mante religieuse (insecte dont la femelle est redoutable aux mâles, comme chacun sait).

Le silex frissonnait sous les sarments de l'espace[1] ;
La parole, lasse de défoncer, buvait au débarcadère
[angélique.
Nulle farouche survivance ;
L'horizon des routes jusqu'à l'afflux de rosée,
L'intime dénouement de l'irréparable[2].

Voici le sable[3] mort, voici le corps sauvé :
La Femme respire, l'Homme se tient debout.

SEULS DEMEURENT (1938-1944),
in *FUREUR ET MYSTÈRE.*

---

1. *Le silex* [...] *l'espace* : Jean-Henri Fabre, que Char a beaucoup lu, écrit, dans ses admirables *Souvenirs entomologiques* : « *Alors que la chaleur commence à devenir insupportable et qu'un fagot de plus est jeté dans le brasier du soleil* » (éd. Delanges, Laffont, 1989, vol. I, p. 623). On sait quelle brûlante chaleur volumineuse dégage un fagot de sarments, sitôt enflammé. Quant au *silex*, c'est le ciel (voir, p. 47, le poème *Évadné* et la note 3).
2. *L'intime dénouement de l'irréparable* : la solution intérieure donnée au drame qu'est la perte du temps qu'on ne peut jamais retrouver (*irreparabile tempus*, le temps irretrouvable).
3. *le sable* : le sable du sablier, qui mesure l'écoulement du temps qui se perd. L'homme lui-même n'est que sable, que poussière, et il redeviendra poussière ; le sable est à la fois le temps destructeur et ce qui reste de ce qu'il détruit. Si ce sable est lui-même mort, alors la mort est morte...

Questions

Compréhension

Il faut aborder ce long poème d'amour en toute simplicité et liberté, le lire en négligeant des suites de vers raboteux dont l'obscurité rebute, pour se délecter de beaux passages scintillants ou suaves qui devinrent bientôt célèbres. Composé en 1938, année où la poésie de Char change de manière, Le Visage nuptial *appartient tantôt au passé, tantôt à l'avenir; des images dont la violence fait obstacle au plaisir du lecteur et à sa compréhension y alternent avec des vers qui ne sont que grâce. Il aurait été peu utile d'expliquer en notes toutes les difficultés du texte.*

1. *Citez quelques vers ou suites de vers qui vous ont touché(e).*

2. *Char parle, ici, tantôt en poète, soucieux de* « l'obscure plantation » *en sa main qui tient la plume, tantôt en amant de chair; l'un n'est-il que le symbole de l'autre, comme en d'autres poèmes, ou bien tous deux sont-ils bien réels et transformés conjointement par l'amour?*

Écriture

3. *Quelle sensation ou quelle image suscitent peut-être en vous des vers ou des expressions tels que :*
– « la nage sur l'ombre de sa Présence » *(la même Présence que dans* Calendrier : *celle de la Beauté, qui se confond ici avec l'aimée de chair);*
– « la pioche de l'aigle lance haut le sang évasé » ;
– *les* « morts anfractueux » ;
– « au sein du toit le pain suffoque à porter cœur et lueur » *(c'est le pain de poésie nourricière; un poète est pour Char un* « faiseur de pain »*)?*

4. *Un exemple d'image qui « ne passe pas la rampe » est* « Timbre de la devise matinale », *où* « timbre » *et* « devise » *sont des termes de blason; elle était claire et frappante pour le visionnaire onirique qu'était Char, mais peu de ses lecteurs pourraient le suivre; essayez, si le cœur vous en dit. En revanche, le très beau vers* « La parole, lasse de défoncer, buvait au débarcadère angélique » *a une évidence immédiate, alors que sa complexité et sa subtilité défient presque l'analyse; essayez... On en dirait autant de* « La simplicité fidèle s'étendit partout », *mais laissons cela.*

LA TRUITE

Rives qui croulez en parure
Afin d'emplir tout le miroir,
Gravier où balbutie la barque
Que le courant presse et retrousse,
Herbe, herbe toujours étirée,
Herbe, herbe jamais en répit,
Que devient votre créature
Dans les orages transparents
Où son cœur la précipita ?

QUATRE FASCINANTS, II,
in *LA PAROI ET LA PRAIRIE* (1952),
in *LA PAROLE EN ARCHIPEL.*

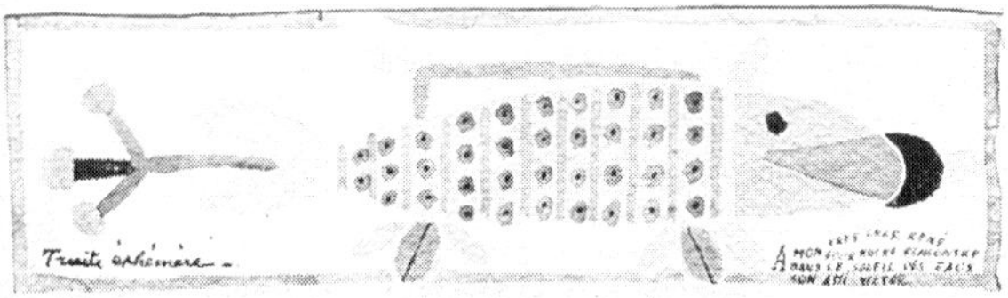

Truite éphémère, *aquarelle de Victor Brauner.*

POUR QU'UNE FORÊT...

Pour qu'une forêt soit superbe
Il lui faut l'âge et l'infini.
Ne mourez pas trop vite, amis
Du casse-croûte sous la grêle.
Sapins qui couchez dans nos lits[1],
Éternisez nos pas sur l'herbe.

Alsace, 1939.

LOIN DE NOS CENDRES.

René Char artilleur, à Struth (Alsace),
durant l'hiver 1939-1940.

1. *lits* : ces lits sont en bois de sapin.

REDONNEZ-LEUR...

Redonnez-leur ce qui n'est plus présent en eux,
Ils reverront le grain de la moisson s'enfermer dans l'épi
[et s'agiter sur l'herbe.
Apprenez-leur, de la chute à l'essor, les douze mois de
[leur visage,
Ils chériront le vide de leur cœur jusqu'au désir suivant ;
Car rien ne fait naufrage ou ne se plaît aux cendres ;
Et qui sait voir la terre aboutir à des fruits,
Point ne l'émeut l'échec quoiqu'il ait tout perdu.

Les Loyaux Adversaires (1945),
in *Fureur et Mystère*.

VERSANT

Donnons les prodiges à l'oubli secourable
Impavide
Laissons filer au blutoir des poussières les corps dont
[nous fûmes épris
Quittons ces fronts de chance plus souillés que les eaux
Noblesse de feuillage[1]
À présent que décroît la portée de l'exemple[2]
Quel carreau apparu en larmes[3]
Va nous river
Cœurs partisans ?

Poèmes militants (1932),
in *Le Marteau sans maître.*

---

1. *Noblesse de feuillage* : la noblesse d'un arbre est de savoir se dépouiller chaque hiver du feuillage qui aura fait sa splendeur d'une saison.
2. *À présent que* [...] *de l'exemple* : Maintenant que nous réglons de moins en moins notre conduite sur quelque exemple étranger (Char songe au surréalisme et à Breton, dont il commence déjà à s'éloigner).
3. *carreau apparu en larmes* : métaphore chère au poète ; la fenêtre de notre conscience, qui ouvre sur le monde et les autres, laisse voir des *« êtres à secourir »* (comme le dit *Calendrier*), dont les larmes sont comme des gouttes de pluie sur la vitre. Car, au-dehors, l'orage gronde. Les gouttes d'eau sont à la fois les larmes que fait couler un orage politique et l'orage lui-même, cause de ces larmes.

COURBET : LES CASSEURS DE CAILLOUX

Sable paille ont la vie douce le vin ne s'y brise pas[1]
Du colombier ils récoltent les plumes
De la goulotte ils ont la langue avide
Ils retardent l'orteil des filles
Dont ils percent les chrysalides[2]
Le sang bien souffert tombe dans l'anecdote de leur
[légèreté

Nous dévorons la peste du feu gris dans la rocaille[3]
Quand on intrigue à la commune[4]
C'est encore sur les chemins ruinés qu'on est le mieux
Là les tomates des vergers l'air nous les porte au
[crépuscule
Avec l'oubli de la méchanceté prochaine de nos femmes
Et l'aigreur de la soif tassée aux genoux

---

1. *Sable paille [...] brise pas* : dans un coin du tableau de Gustave Courbet (cf. p. 46), les casseurs de cailloux (le tableau s'intitulait, lui, *Les Casseurs de pierre*) ont précautionneusement déposé des bouteilles de *vin* sur une jonchée de *paille*. C'est le point de départ du poème, pour lequel le tableau, vite oublié, n'aura guère été qu'un prétexte.
2. *chrysalides* : à la campagne, c'est une petite surprise fréquente de trouver, dans les tas de paille, des *plumes* de volatiles venus du pigeonnier voisin. C'est une autre surprise familière, lorsqu'on revient de la plage, que de découvrir sur sa peau du *sable* fin qui a traversé le linge de corps, traversé la *chrysalide*, écrit Char (c'est-à-dire l'enveloppe transparente dans laquelle se développent les futurs papillons et dont ils se dépouillent pour prendre leur premier vol). Il n'est pas interdit de supposer que les *filles* en question ont été poursuivies et déshabillées sur le sable...
3. *la peste du feu gris dans la rocaille* : une poussière de pierre se dégage des cailloux que l'on casse ; elle donne une maladie pulmonaire, la silicose.
4. *commune* : en Provence comme en Italie, on appelle *commune* la mairie où siège le conseil municipal.

Fils[1] cette nuit nos travaux de poussière
Seront visibles dans le ciel
Déjà l'huile du plomb[2] ressuscite.

DEHORS LA NUIT EST GOUVERNÉE (1937-1938).

Les Casseurs de pierre *de Gustave Courbet (1849).*
Acquis par le musée de Dresde (Allemagne) en 1904,
ce tableau a été détruit pendant la Seconde Guerre mondiale.

1. *Fils* : ainsi appelle-t-on, en Provence, un enfant inconnu (ici, l'enfant René Char) que l'on trouve sympathique.
2. *l'huile du plomb* : le ciel au crépuscule, avant que ne brillent les premières étoiles ; il est velouté et de couleur plombée : intermédiaire entre le bleu et le noir.

ÉVADNÉ

L'été et notre vie étions d'un seul tenant
La campagne mangeait la couleur de ta jupe odorante
Avidité et contrainte s'étaient réconciliées
Le château de Maubec s'enfonçait dans l'argile
Bientôt s'effondrerait le roulis de sa lyre[1]
La violence des plantes nous faisait vaciller[2].
Un corbeau rameur sombre déviant de l'escadre
Sur le muet silex de midi écartelé[3]
Accompagnait notre entente aux mouvements tendres
La faucille partout devait se reposer
Notre rareté commençait un règne
(Le vent insomnieux qui nous ride la paupière
En tournant chaque nuit la page consentie
Veut que chaque part de toi que je retienne
Soit étendue à un pays d'âge affamé et de larmier géant)

C'était au début d'adorables années
La terre nous aimait un peu je me souviens.

Seuls demeurent (1938-1944),
in *Fureur et Mystère*.

---

1. *Le château* [...] *de sa lyre* : ce château (qu'encadrent deux hautes tours jumelles) paraît s'élever et s'enfoncer alternativement sous l'horizon, selon les ondulations du sentier.
2. *La violence* [...] *vaciller* : Des buissons de fortes tiges élastiques de genêt obstruaient le sentier.
3. *le muet silex de midi écartelé* : le silex, bien que blond, désigne ici le ciel bleu : il en a la pureté, l'uniformité lisse et l'apparente dureté ; on sait que les couleurs complémentaires, dans notre perception spontanée et pour l'œil de certains peintres, ont entre elles des échanges secrets ; la couleur du silex est complémentaire du bleu. Char écrit ailleurs (dans le poème *Afin qu'il n'y soit rien changé*) : « *Le ciel n'est plus aussi jaune, le soleil aussi bleu* » ; on a lu, dans *Le Visage nuptial* : « *Le silex frissonnait sous les sarments de l'espace.* » Jouant sur la parenté secrète des couleurs complémentaires, Paul Eluard avait écrit : « *La terre est bleue comme une orange/Jamais une erreur les mots ne mentent pas* » (in *L'amour la poésie*).

POST-SCRIPTUM

Écartez-vous de moi qui patiente sans bouche[1] ;
À vos pieds je suis né, mais vous m'avez perdu ;
Mes feux ont trop précisé leur royaume ;
Mon trésor a coulé contre votre billot.

Le désert comme asile au seul tison suave[2]
Jamais ne m'a nommé, jamais ne m'a rendu.

Écartez-vous de moi qui patiente sans bouche :
Le trèfle de la passion est de fer dans ma main.

Dans la stupeur de l'air où s'ouvrent mes allées,
Le temps émondera peu à peu mon visage,
Comme un cheval sans fin dans un labour aigri.

Seuls demeurent (1938-1944),
in *Fureur et Mystère*.

---

1. *sans bouche* : les lèvres closes et serrées, dans un refus buté d'autrui et d'un monde décevants. Et aussi, sans ouvrir désormais la bouche : en renonçant amèrement à la poésie, qui est un art trop difficile et décourageant. Char, de son propre aveu, a été souvent tenté de renoncer à écrire.
2. *tison suave* : le *« tison suave »* est la délicieuse brûlure de l'absolu, qu'éprouve le poète dans la solitude de sa vie intérieure.

PAR LA BOUCHE DE L'ENGOULEVENT[1]

Enfants qui cribliez d'olives le soleil enfoncé dans le bois de la mer[2], enfants, ô frondes[3] de froment, de vous l'étranger se détourne[4], se détourne de votre sang martyrisé, se détourne de cette eau trop pure, enfants aux yeux de limon, enfants qui faisiez chanter le sel à votre oreille[5], comment se résoudre à ne plus s'éblouir de votre amitié ? Le ciel dont vous disiez le duvet, la Femme dont vous trahissiez le désir, la foudre les a glacés. Châtiments ! Châtiments !

SEULS DEMEURENT (1938-1944),
in *FUREUR ET MYSTÈRE*.

---

1. *engoulevent* : oiseau à plumage roussâtre et à bec largement fendu.
2. *Enfants qui* [...] *de la mer* : sur une plage d'Espagne, les têtes rases aux cheveux noirs d'une nuée d'enfants criblent la mer où vient de s'enfoncer le soleil couchant – une mer verte et éclairée par en dessous (un coucher de soleil sous la mer est non moins spectaculaire qu'un coucher de soleil sous un horizon de forêt qu'il embrase).
3. *frondes* : pour un enfant et pour Char, la fronde est un objet magique : sans effort et rien qu'en tournant, elle lance tout droit un projectile au-delà de tout obstacle. L'amitié des enfants espagnols projette l'imagination au-delà de tout prosaïsme. Ces enfants sont du bon pain, comme on dit, et les voir nourrit le cœur.
4. *se détourne* : la non-intervention des démocraties (France, Angleterre) en Espagne contre Franco révolta les antifascistes ; les enfants tués dans les villes espagnoles bombardées bouleversèrent l'opinion.
5. *chanter le sel à votre oreille* : ils jouent à *« écouter le bruit de la mer »* (en fait, le battement des artères de l'oreille interne amplifié dans la valve d'un coquillage qu'ils appliquent à leur oreille). Mais Char écrit *sel* et non *mer*. Ce qu'on va lire n'étonnera pas ceux qui connaissent sa symbolique personnelle ou qui ont pu constater avec quel sérieux il en déduisait les raisons. Pour lui, la vaste mer, insipide comme l'eau, était le symbole de l'immense insignifiance de l'histoire universelle ; seul le sel lui conférait quelque saveur, le sel d'une immémoriale sagesse populaire, seule leçon de l'histoire qui reste vraie. Mais, dirons-nous alors, ce sel (celui des proverbes, par exemple) ne saurait *chanter* : il n'est que vérité prosaïque. On comprend alors pourquoi ces enfants sont merveilleux : ils accomplissent le miracle de faire de ce sel un chanteur, un poète !

Illustration de Picasso pour le poème de René Char
Par la bouche de l'engoulevent *paru dans la revue* Cahiers d'Art *(1939).*

LE LORIOT[1]

3 septembre 1939.

Le loriot entra[2] dans la capitale de l'aube[3].
L'épée de son chant ferma le lit triste.
Tout à jamais prit fin.

Seuls demeurent (1938-1944),
in *Fureur et Mystère*.

---

1. *loriot* : oiseau à plumage jaune et noir ou jaune et vert.
2. *Le loriot entra* : c'est à prendre à la lettre ; à l'aube du 3 septembre 1939, jour de la déclaration de guerre à l'Allemagne nazie, un oiseau, comme il arrive, entra par la fenêtre dans la chambre où le poète dormait encore.
3. *capitale de l'aube* : la *« capitale de l'aube »* est tout le grouillement de pensées et de projets que nous retrouvons dans notre esprit à notre réveil ; cette métaphore est fréquente chez Char. Mais, plus souvent que *capitale*, Char appelle simplement *ville* (voire *« maison mentale »* aux différentes pièces) cette multiplicité qui est en nous ; ici, *capitale* prépare un contraste : le message du loriot fera tomber de plus haut. Et, surtout, les mots *« entrer dans la capitale »* ne se disent guère que d'une armée ennemie qui fait son entrée triomphale dans la capitale d'un pays vaincu. Le loriot moqueur entre en vainqueur dans l'âme du poète qui, épanoui dans la nouveauté de l'aube, ne s'y attendait pas... Le poème bascule autour de ces quelques mots qui en concentrent l'énergie. Rétrospectivement, il était difficile, pour le poète comme pour ses lecteurs, de ne pas songer à l'entrée des armées allemandes dans Paris en 1940.

Questions

On vient de lire sept poèmes fort différents, dont certains sont marqués par l'actualité. Versant, *œuvre de jeunesse, montre qu'à peine rallié au surréalisme Char reprenait ses distances.* Courbet : les casseurs de cailloux *est un souvenir d'enfance.* Évadné *a la mélancolie d'un souvenir d'avant-guerre.* Post-scriptum *est un moment de découragement et de misanthropie.* Le Loriot *évoque l'aube du jour où fut déclarée la Seconde Guerre mondiale.*
L'art de ces poèmes est non moins varié. Redonnez-leur... *a le naturel et le rythme paisible de l'espérance.* Courbet *est une saynète humoristique et généreuse. L'émotion d'*Évadné *ou de* Post-scriptum *est immédiatement sensible.* Par la bouche de l'engoulevent *échappe à la fréquente platitude de la poésie politique indignée, grâce aux mouvements de sa longue phrase musicale (l'ample introduction, les reprises pathétiques...), qui est agitée, mais jamais brisée.*

Compréhension

1. *Plus d'un poème moralisateur enseigne que, si tu fais ton devoir et as de la volonté,* « tu seras un homme, mon fils ». *Est-ce bien le cas de* Redonnez-leur... ? *Regardez de près les mots ou, mieux encore, jugez-en sur votre impression globale.*

2. *Courbet a représenté ses* Casseurs de pierre *en peintre réaliste qui avait des convictions socialistes : ce sont des prolétaires à leur rude tâche ; au-dessus d'eux, à peine un petit coin de ciel. Quels sont les sentiments de Char : commisération ? condescendance amusée ? complicité ? réalisme ? magnification ?*

Écriture

3. *Est-il nécessaire de « comprendre » un poème pour le trouver beau ? Évitez les réponses péremptoires par oui ou par non et distinguez différents éléments (les sonorités, le choix des mots, ce que ces mots nous disent, etc.) qui contribuent à la beauté d'un poème.*

4. *Étudiez les images de certains de ces poèmes ou du* Visage nuptial *(voyez les notes) : leur fréquente multiplicité de sens (la pluie est à la fois orage politique et larmes qu'il fait couler) ; la cohérence ou l'incohérence des suites d'images* (« frondes de froment ») ; *leur emploi, traditionnel ou personnel au poète.*

COMPAGNIE DE L'ÉCOLIÈRE

Je sais bien que les chemins marchent
Plus vite que les écoliers
Attelés à leur cartable
Roulant dans la glu des fumées[1]
Où l'automne perd le souffle
Jamais douce à vos sujets[2]
Est-ce vous que j'ai vu sourire
Ma fille ma fille je tremble

N'aviez-vous donc pas méfiance
De ce vagabond étranger
Quand il enleva sa casquette
Pour vous demander son chemin
Vous n'avez pas paru surprise
Vous vous êtes abordés
Comme coquelicot et blé
Ma fille ma fille je tremble

La fleur qu'il tient entre les dents
Il pourrait la laisser tomber
S'il consent à donner son nom
À rendre l'épave à ses vagues
Ensuite quelque aveu maudit
Qui hanterait votre sommeil

---

1. *dans la glu des fumées* : en automne, on brûle les feuilles mortes, et des fumées s'élèvent de tous côtés dans la campagne. Mais une *fumée* est aussi une lubie, un caprice de gamin, une escapade ; car il y a des fumées sans feu.
2. *Jamais douce à vos sujets* : cette jeune fille est visiblement la reine de son école et peut-être de sa famille aussi ; elle traite ses adorateurs avec une hauteur royale.

Parmi les ajoncs de son sang[1]
Ma fille ma fille je tremble

Quand ce jeune homme s'éloigna
Le soir mura votre visage
Quand ce jeune homme s'éloigna
Dos voûté front bas et mains vides
Sous les osiers vous étiez grave
Vous ne l'aviez jamais été
Vous rendra-t-il votre beauté
Ma fille ma fille je tremble

La fleur[2] qu'il gardait à la bouche
Savez-vous ce qu'elle cachait
Père un mal pur bordé de mouches
Je l'ai voilé de ma pitié
Mais ses yeux tenaient la promesse
Que je me suis faite à moi-même
Je suis folle je suis nouvelle
C'est vous mon père qui changez.

PLACARD POUR UN CHEMIN DES ÉCOLIERS (1936-1937),
in *DEHORS LA NUIT EST GOUVERNÉE.*

1. *La fleur* [...] *de son sang* : Voici le sens général de cette strophe : ce vagabond, cette épave humaine, pourrait se ranger un jour, se faire un nom respectable. Mais, un jour, viendrait peut-être l'aveu maudit entre tous (comprenons : celui de goûts pour son propre sexe ; depuis Rimbaud et Verlaine, les artistes étaient suspects aux yeux des familles). Soit dit pour la petite histoire, on croit deviner ici quelque écho des remontrances qu'a dû faire à sa fille le père d'une jeune femme que Char épousa en 1932. Si cela est, cette strophe amusée prouve que le poète n'était pas homme de ressentiment. Et qui donc a prétendu que Char n'avait pas le sens de l'humour ?
2. *La fleur* : de poésie, qui cache une angoisse de la mort.

DONNERBACH MÜHLE

Hiver 1939.

Novembre de brumes, entends sous le bois la cloche du sentier franchir le soir et disparaître,

le vœu lointain du vent séparer le retour dans les fers de l'absence qui passe.

Saison d'animaux pacifiques, de filles sans méchanceté, vous détenez des pouvoirs que mon pouvoir[1] contredit ; vous avez les yeux de mon nom[2], ce nom qu'on me demande d'oublier.

Glas d'un monde trop aimé, j'entends les monstres qui piétinent sur une terre sans sourire. Ma sœur vermeille est en sueur. Ma sœur furieuse appelle aux armes.

La lune du lac prend pied sur la plage où le doux feu végétal descend à la vague qui l'entraîne vers un lit de profondes cendres.

Tracée par le canon,
– vivre, limite immense –
la maison dans la forêt s'est allumée :
Tonnerre, ruisseau, moulin[3].

Le Poème pulvérisé (1945-1947),
in *Fureur et Mystère.*

---

1. *mon pouvoir* : le pouvoir des armes ; Char est soldat sur le front d'Alsace. Le poème évoque un moment de détente, avant le retour sous la discipline militaire.
2. *mon nom* : le nom de poète.
3. *Tonnerre, ruisseau, moulin* : le nom du village où Char est en poste, « *Donnerbach Mühle* », signifie « *moulin du ruisseau du tonnerre* », ou, en suivant l'ordre des mots allemands, « [du] *tonnerre* [du] *ruisseau moulin* ». On devine ce que chacun de ces trois mots suggérait au poète.

Questions

Compréhension

1. *Indépendamment du poème* Donnerbach Mühle, *que peuvent suggérer à un poète les mots de* « tonnerre », *de* « ruisseau », *de* « moulin » *?*

2. *Ne pourrait-on considérer ces trois mots comme une bonne description de l'œuvre de René Char ?*

3. *Quel sens donnez-vous à* « vivre, limite immense » *? Et pourquoi cette réflexion quand tonne le canon ?*

Donnerbach Mühle (« Moulin du ruisseau du tonnerre »),
maison forestière au bord du lac de Donnerbach Mühle (Bas-Rhin), où René Char, artilleur durant l'hiver 1939, venait se ravitailler.

LE BOUGE DE L'HISTORIEN[1]

La pyramide des martyrs obsède la terre.

Onze hivers tu auras renoncé au quantième de l'espérance, à la respiration de ton fer rouge, en d'atroces performances psychiques[2]. Comète tuée net, tu auras barré sanglant la nuit de ton époque. Interdiction de croire tienne[3] cette page d'où tu prenais ton élan pour te soustraire à la géante torpeur[4] d'épine du Monstre, à son contentieux de massacreurs[5].
Miroir[6] de la murène ! Miroir du vomito ! Purin d'un feu plat[7] tendu par l'ennemi !

---

1. *Le Bouge de l'historien* : voici le premier des poèmes de Résistance que nous allons regrouper. *L'historien* est l'homme qui ne se dérobe pas à l'Histoire, à l'action politique. L'autographe est daté du 11 novembre 1942.

2. *performances psychiques* : sur ces *« performances psychiques »* des années de refus du monde, de 1930 à 1941 (où Char entre dans l'action violente), comparez le *« séchoir noueux »* du poème suivant.

3. *Interdiction de croire tienne* : car elle n'était pas *tienne* : en cherchant à oublier le Mal, elle supposait ce refus de l'Histoire qui n'était qu'un piège du Mal.

4. *géante torpeur* : la *torpeur* dans laquelle le Monstre nazi endort les consciences, qui deviennent insensibles à l'horreur et ne voient plus dans quel abîme elles sont tombées.

5. *massacreurs* : tout en massacrant, le Monstre, à Vichy, amusait les consciences à d'illusoires chicanes politiques qui faisaient écran de fumée. En la même année 1941, Paul Eluard écrivait, dans un poème publié en édition clandestine : *« Moi je dors dans la tempête / Et je m'éveille les yeux clairs* [...] */ Je n'entends pas parler les monstres / Je les connais ils ont tout dit »* (in *Poésie et Vérité*, 1942).

6. *Miroir* : le poète s'accuse de n'avoir fait, par son refus de l'Histoire, de l'engagement politique, que refléter sans le savoir l'empire de la cruauté.

7. *Purin d'un feu plat* : image dont l'incohérence répond à la violence : *« tu n'étais qu'une flaque de purin qui brillait au soleil »* ; ce *plat* éclat (*plat* aux deux sens du mot : uni comme toute surface liquide, méprisable comme tout ce qui manque de relief) n'était qu'un piège tendu par le Monstre.

Dure, afin de pouvoir encore mieux aimer un jour ce que tes mains d'autrefois n'avaient fait qu'effleurer sous l'olivier trop jeune.

Seuls demeurent (1938-1944),
in *Fureur et Mystère.*

Fontaine de Vaucluse en été.
Au dos de cette photographie, René Char a inscrit :
« La mort en son désordre. »

VIVRE AVEC DE TELS HOMMES

Tellement j'ai faim, je dors sous la canicule des preuves[1]. J'ai voyagé jusqu'à l'épuisement, le front sur le séchoir noueux[2]. Afin que le mal demeure sans relève, j'ai étouffé ses engagements. J'ai effacé son chiffre de la gaucherie[3] de mon étrave. J'ai répliqué aux coups. On tuait de si près que le monde s'est voulu meilleur. Brumaire de mon âme jamais escaladé[4], qui fait feu dans la bergerie déserte ? Ce n'est plus la volonté elliptique de la scrupuleuse solitude. Aile double des cris d'un million de crimes se levant soudain dans des yeux jadis négligents, montrez-nous vos desseins et cette large abdication du remords !

. . . .

Montre-toi[5] ; nous[6] n'en avions jamais fini avec le sublime bien-être des très maigres hirondelles. Avides de s'approcher de l'ample allégement. Incertains dans le temps que l'amour grandissait. Incertains, eux seuls, au sommet du cœur.
Tellement j'ai faim.

SEULS DEMEURENT (1938-1944),
in *FUREUR ET MYSTÈRE.*

---

1. *la canicule des preuves* : l'évidence du triomphe des nazis et de leurs atrocités.
2. *séchoir noueux* : les années de jeunesse, consacrées à la seule poésie, en ignorant tout le reste, ne furent qu'un sèche-cervelle.
3. *gaucherie* : sa barque est conduite maladroitement, mais au moins n'est-elle plus vouée à ce refus du monde de tous, qui s'est révélé être un piège du Mal.
4. *Brumaire de mon âme jamais escaladé* : par un coup d'État (comme celui par lequel Bonaparte, les 18 et 19 brumaire an VIII [9 et 10 novembre 1799], renversa le Directoire) intérieur, Char décide de recourir à l'action violente.
5. *Montre-toi* : Char s'adresse à la Beauté, qui est aussi le Bien moral et l'Amour.
6. *nous* : comme au début du *Visage nuptial* et ailleurs encore, ce *nous* se rapporte à la multiplicité intérieure de Char. Il sera bientôt remplacé par un *eux* : Char, lui, a pris sa décision, même si certaines parties de lui-même (par exemple, l'horreur de tuer ou le goût de la solitude) hésitent encore.

CUR SECESSISTI ?[1]

Neige, caprice d'enfant, soleil qui n'as que l'hiver pour devenir un astre, au seuil de mon cachot de pierre, venez vous abriter. Sur les pentes d'Aulan[2], mes fils qui sont incendiaires, mes fils qu'on tue sans leur fermer les yeux s'augmentent de votre puissance.

Les Loyaux Adversaires (1945),
in *Fureur et Mystère*.

Pierre du château d'Aulan sur laquelle est inscrit : CUR SECES[SISTI].

---

1. *Cur secessisti ?* : formule latine signifiant à la fois *« Pourquoi t'es-tu retiré ? »* et *« Pourquoi as-tu fait sécession ? »*
2. *Aulan* : le lecteur devine qu'Aulan (c'est un massif montagneux dans la Drôme) était tenu par des maquisards ou, comme disaient les pétainistes, des *« terroristes »*.

Questions

La Seconde Guerre mondiale aura été l'épisode le plus noir des quarante siècles d'histoire dont quelque souvenir est parvenu jusqu'à nous. Il fallut soixante millions de morts pour acculer enfin en son repaire un dictateur dément qui massacrait comme on dératise et qui organisait des abattoirs humains qu'on croirait sortis de romans de science-fiction. Ce n'était plus l'un de ces conflits nationaux ou dynastiques comme il y en avait eu depuis toujours ; ce qui était en jeu était l'un de ces écroulements millénaires d'une civilisation, dont l'histoire universelle présente quelques exemples. Abasourdis par la déroute de 1940, égarés par le leurre qu'était la dictature de Pétain, la plupart des Français avaient « perdu le nord ». Seuls un ou deux milliers d'hommes intrépides et imaginatifs osèrent entreprendre de résister dès 1941, alors que les armées des nazis triomphaient partout en Europe. Les poèmes qu'on vient de lire ont été écrits « au cours de la lutte si noire et de l'immobilité si noire ».

Compréhension

1. *Dans les poèmes de Résistance, la puissance verbale de Char est sans doute à son sommet : quels exemples en citeriez-vous ?*

2. *Ces poèmes sont-ils patriotiques ? Sont-ils politiques ? Le drame historique qu'ils évoquent est-il pour quelque chose dans leur beauté ?*

3. *Quelles considérations ont amené le poète à s'engager dans l'action ? D'autres motivations, plus répandues sans doute, lui sont-elles étrangères ? On n'oubliera pas que, pour Char, la Beauté englobe la morale. Citons aussi un passage du carnet de guerre de Char, intitulé* Feuillets d'Hypnos *(38) : il ne s'agissait plus* « de nuances à faire prévaloir » *(de préférences politiques habituelles : conservatisme, socialisme, libéralisme...), mais* « de vie et de mort » *pour* « une civilisation dont le naufrage risque de ne pas laisser de trace sur l'océan de la destinée ».

4. *Quel(s) sens donnez-vous au titre* Vivre avec de tels hommes *(soyez à votre aise : tous les sens possibles sont ici les bons) ?*

5. *Relisons ces deux phrases de* Vivre avec de tels hommes *:* « Brumaire de mon âme jamais escaladé » *et* « Aile double des cris [...] remords » ; *comment un grammairien les analyserait-il ? Et, s'il avait le goût académique, que trouverait-il à redire à* « Aile double des cris d'un million de crimes » *?*

LOUIS CUREL DE LA SORGUE

Sorgue qui t'avances derrière un rideau de papillons qui pétillent, ta faucille de doyen loyal à la main, la crémaillère du supplice[1] en collier à ton cou, pour accomplir ta journée d'homme, quand pourrai-je m'éveiller et me sentir heureux au rythme modelé de ton seigle irréprochable ? Le sang et la sueur ont engagé leur combat qui se poursuivra jusqu'au soir, jusqu'à ton retour, solitude aux marges de plus en plus grandes. L'arme de tes maîtres, l'horloge des marées[2], achève de pourrir. La création et la risée se dissocient. L'air-roi s'annonce. Sorgue, tes épaules comme un livre ouvert propagent leur lecture. Tu as été, enfant, le fiancé de cette fleur au chemin tracé dans le rocher qui s'évadait par un frelon... Courbé, tu observes aujourd'hui l'agonie du persécuteur qui arracha à l'aimant de la terre la cruauté d'innombrables fourmis pour la jeter en millions de meurtriers contre les tiens et ton espoir. Écrase donc encore une fois cet œuf cancéreux qui résiste...
Il y a un homme à présent debout, un homme dans un champ de seigle, un champ pareil à un chœur mitraillé[3], un champ sauvé.

Seuls demeurent (1938-1944),
in *Fureur et Mystère*.

---

1. *la crémaillère du supplice* : le faucheur porte autour du cou une cordelette qui soutient l'étui de sa faucille. Il fait songer aux Bourgeois de Calais, livrés à l'ennemi, la corde au cou, pour être pendus.
2. *l'horloge des marées* : tableau qui indique les heures où la marée sera haute ou basse. Comme la mer, l'humanité a son flux et son reflux : à toute montée de la révolte succédera infailliblement une décrue vers la soumission. Les maîtres savent qu'ils n'ont pas besoin d'une autre *arme* que d'attendre le reflux des peuples révoltés. En outre, Char aimait rêver sur les mots ; or, dans leur argot, les maquisards appelaient *horloges* leurs armes. Les maîtres, eux, ont pour *horloge* celle des marées.
3. *Il y a un homme* [...] *un chœur mitraillé* : Louis Curel (que le poète a anobli sous le nom de *« de la Sorgue »*) fauche le seigle, décime la troupe serrée des épis qui s'élèvent tout droit ; la *mitraille* décime pareillement ; si bien que les *marges* de la *solitude* qui entourent la foule des survivants deviennent de plus en plus larges.

PLISSEMENT

Qu'il était pur, mon frère, le prête-nom de ta faillite[1] – j'entends tes sanglots, tes jurons. Ô vie transcrite du large sel maternel ! L'homme aux dents de furet abreuvait son zénith dans la terre des caves[2], l'homme au teint de mouchard tuméfiait partout la beauté bien-aimée. Vieux sang voûté, mon gouverneur, nous avons guetté jusqu'à la terreur le dégel lunaire de la nausée. Nous nous sommes étourdis de patience[3] sauvage ; une lampe inconnue de nous, inaccessible à nous, à la pointe du monde, tenait éveillés le courage et le silence.
Vers ta frontière, ô vie humiliée, je marche maintenant au pas des certitudes, averti que la vérité ne précède pas obligatoirement l'action. Folle sœur de ma phrase, ma maîtresse scellée, je te sauve d'un hôtel de décombres.

---

1. *ta faillite* : c'est une *faillite*, du point de vue de l'absolu, que de quitter l'échelon le plus élevé de l'échelle des êtres, la création, pour celui de l'action politique (de quitter la culture et la beauté pour l'intrigue et la violence) ; mais faillite moralement *pure*, qui est un *plissement*, un événement majeur qui se produit dans les strates profondes de la géologie du moi. Le poète change de nom : il s'appelle maintenant « *historien* » (voir *Le Bouge de l'historien*). Son prête-nom fait aussi allusion au pseudonyme que les résistants adoptaient pour leur sécurité (Char avait pour pseudonyme *Alexandre*, peut-être parce qu'en grec ce nom peut signifier « *celui qui libère les hommes* »).
2. *L'homme aux dents de furet* [...] *dans la terre des caves* : l'homme nazi est un furet qui poursuit les lièvres innocents jusqu'au fond de leur refuge souterrain. Dans l'humus des caves vivent rats et cafards. On torturait dans les caves ; sous les bombardements, les populations civiles cherchaient un abri au fond des caves.
3. *patience* : la patience est *aussi* une plante, qui est bonne contre le scorbut.

Le sabre bubonique[1] tombe des mains du Monstre au terme de l'exode du temps de s'exprimer[2].

SEULS DEMEURENT (1938-1944),
in *FUREUR ET MYSTÈRE*.

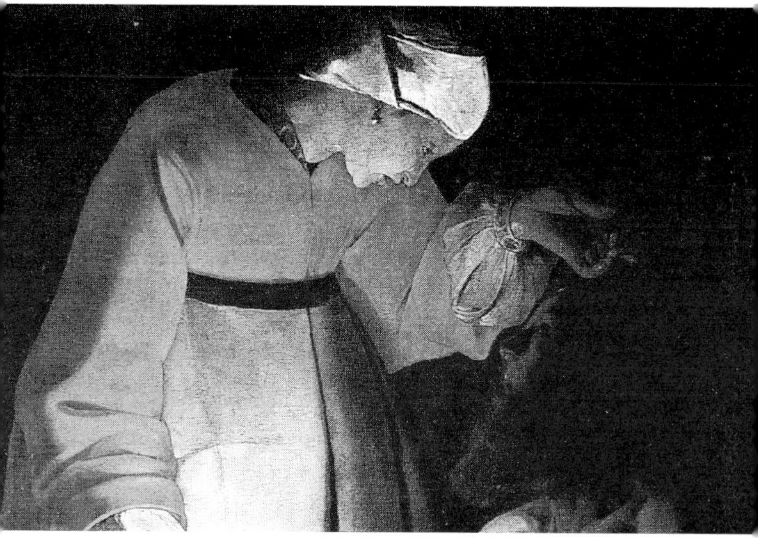

Job raillé par sa femme, *alias* Le Prisonnier, *de La Tour (détail). Épinal, Musée départemental des Vosges (sur ce tableau, cf. note 1, p. 159).*

1. *Le sabre bubonique* : bubonique comme la peste ; le sabre nazi est contagieux, et sa contagion a atteint la France.
2. *l'exode du temps de s'exprimer* : on ne peut ni ne doit publier une seule ligne sous le règne des nazis : ce serait cautionner le Monstre ; telle était la consigne personnelle que Char s'était donnée. Ce n'est pas seulement qu'il ne fallait plus écrire, mais que, matériellement, un poète ne le *pouvait* plus, car poésie, bonheur ou joie n'ont plus de sens sous le nazisme, qui tue toute la beauté du monde ; un mouchard, un camp de concentration, ce n'est pas *« beau à voir »*... Un monde où, la Beauté étant tuméfiée, plus rien ne brille est un monde où règne le silence des décombres.

CETTE FUMÉE QUI NOUS PORTAIT...[1]

Cette fumée qui nous portait était sœur du bâton qui dérange la pierre[2] et du nuage qui ouvre le ciel. Elle n'avait pas mépris de nous, nous prenait tels que nous étions, minces ruisseaux nourris de désarroi et d'espérance, avec un verrou aux mâchoires et une montagne dans le regard.

Les loyaux Adversaires (1944),
in *Fureur et Mystère*.

Je ne sais comment me taire; je ne sais comment crier !

nrf

Bandeau de Feuillets d'Hypnos *(1946).*

---

1. *Cette fumée qui nous portait* : Une *fumée* est une idée en l'air : résister aux nazis sembla d'abord chimérique. Cette chimère se révéla pourtant assez consistante pour être porteuse.
2. *qui dérange la pierre* : la Résistance fut une longue marche pesante qui avançait pas à pas. Pour ne pas se révéler inférieur à la tâche, il n'était pas nécessaire d'être un homme sortant de l'ordinaire : il fallait avoir de la ténacité (il fallait *« serrer les dents à se les briser »*, disait un jour le poète) et garder en vue un but lointain et élevé. Mais, en avançant ainsi, on *dérangeait* inévitablement des gens qui ne souhaitaient que de rester en place et de ne rien savoir ; des gens au visage inerte comme une *pierre* (cette dernière métaphore était usuelle dans la bouche de Char).

Questions

Voilà trois autres poèmes de Résistance. Louis Curel de la Sorgue *porte le nom d'un humble inconnu qui fut un ami et un camarade de combat du poète. Ce poème, qui est peut-être le chef-d'œuvre de Char et l'un des chefs-d'œuvre de la résistance européenne au nazisme, est une allégorie.* Plissement *a été écrit lorsque la défaite nazie était en vue.* Cette fumée qui nous portait... *est une évocation rétrospective.*

Compréhension

1. *Puisque* Louis Curel *est une allégorie, montrez comment alternent – ou se confondent – les gestes de Curel, qui sont pris comme symboles, et les épisodes ou aspects du combat qu'ils symbolisent. Un musicien parlerait ici de contrepoint, de polyphonie et de fugue, et en effet l'art de ce poème est aussi savant que la musique qu'on appelle savante.*

2. *L'allégorie est-elle bien cohérente ? Car, enfin, le seigle fauché désigne les victimes du combat ; or Curel, qui est du côté des victimes, est pourtant le faucheur ; cette contradiction est-elle grave ?*

3. *Dans* Plissement, *comment comprenez-vous la phrase :* « Vieux sang voûté [...] le dégel lunaire de la nausée » *?*

Écriture

4. *Dans* Cette fumée [...], *dire que la fumée en question* « n'avait pas mépris de nous » *est une expression étrange ; elle signifie que les résistants n'étaient pas méprisables ; mais aux yeux de qui, ou plutôt par rapport à quoi ? Quel effet produit sur le lecteur ce renversement des perspectives habituelles ?*

5. *Vous avez vu que, dans* Plissement, *la* « patience sauvage » *est aussi une plante (une plante sauvage, qu'on ne cultive pas, mais qu'on récolte dans la nature), et que cette plante, qui passe pour guérir le scorbut, maladie de la dénutrition, permet de... patienter. Que pensez-vous de cette équivoque ? Comment voyez-vous la scène ?*

LA SORGUE
Chanson pour Yvonne

Rivière trop tôt partie, d'une traite, sans compagnon,
Donne aux enfants de mon pays le visage de ta passion.

Rivière où l'éclair finit et où commence ma maison,
Qui roule aux marches d'oubli la rocaille de ma raison.

Rivière, en toi terre est frisson, soleil anxiété.
Que chaque pauvre dans sa nuit fasse son pain de ta
[moisson.

Rivière souvent punie, rivière à l'abandon.

Rivière des apprentis à la calleuse condition,
Il n'est vent qui ne fléchisse à la crête de tes sillons.

Rivière de l'âme vide, de la guenille et du soupçon,
Du vieux malheur qui se dévide, de l'ormeau, de la
[compassion.

Rivière des farfelus, des fiévreux, des équarrisseurs,
Du soleil lâchant sa charrue pour s'acoquiner au
[menteur[1].

Rivière des meilleurs que soi, rivière des brouillards
[éclos,
De la lampe qui désaltère l'angoisse autour de son
[chapeau.

---

1. *Rivière des farfelus* [...] *au menteur* : les *équarrisseurs*, qui dépècent les bêtes mortes, sont ceux qui savent se débarrasser de leur passé (de leurs triomphes, de leurs ressentiments ou de leurs liens) et ne le laissent pas pourrir en eux. Suit une fable express : le soleil était un honnête laboureur qui poussait chaque jour sa charrue dans le ciel, quand passa par son village un charlatan, un beau parleur ; le soleil, séduit, abandonna sa charrue pour chercher aventure en compagnie du camarade.

Rivière des égards au songe, rivière qui rouille le fer,
Où les étoiles ont cette ombre qu'elles refusent à la mer.

Rivière des pouvoirs transmis et du cri embouquant[1] les
[eaux,
De l'ouragan qui mord la vigne et annonce le vin
[nouveau.

Rivière au cœur jamais détruit dans ce monde fou de
[prison,
Garde-nous violent et ami des abeilles de l'horizon.

La Fontaine narrative (1947),
in *Fureur et Mystère*.

« Pierre de source invitant à se pencher et à boire » *(dixit René Char).*
Colline de L'Isle, XVIIIe siècle.

1. *embouquant* : *embouquer* se dit d'un navire qui entre dans un canal ou un détroit.

LES PREMIERS INSTANTS

Nous regardions couler devant nous l'eau grandissante. Elle effaçait d'un coup la montagne, se chassant de ses flancs maternels. Ce n'était pas un torrent qui s'offrait à son destin mais une bête ineffable dont nous devenions la parole et la substance. Elle nous tenait amoureux sur l'arc tout-puissant de son imagination. Quelle intervention eût pu nous contraindre ? La modicité quotidienne avait fui, le sang jeté[1] était rendu à sa chaleur. Adoptés par l'ouvert, poncés[2] jusqu'à l'invisible, nous étions une victoire qui ne prendrait jamais fin[3].

LA FONTAINE NARRATIVE (1947),
in *FUREUR ET MYSTÈRE*.

---

1. *le sang jeté* : on *jette* les restes devenus inutiles, les objets de rebut ; notre soumission à un destin, aux impossibilités que comporte la condition humaine, rend inutile une partie de l'énergie que nous avons reçue à notre naissance, et nous nous en débarrassons.

2. *poncés* : *poncer*, c'est polir un objet en le frottant avec une pierre ponce. En notre imagination qui nous projette loin de la réalité, nous nous identifions à la source et nous croyons alors être dépouillés de notre identité, de nos particularités trop humaines.

3. Ce poème suppose connues certaines choses que son auteur savait et que la plupart des lecteurs peuvent ignorer ; un des traits de la poésie moderne, dans le monde entier, est que le poète parle au nom de l'absolu, d'une puissance qui se suffit et ne se préoccupe pas d'être comprise. Ce poème suppose connu le site de Fontaine de Vaucluse : cette énorme source est l'issue d'un fleuve souterrain qui débouche avec une violence que connote *« l'arc tout-puissant »* qu'elle tient dans le texte ; son cours torrentueux *« se chasse des flancs maternels »* d'un amphithéâtre de falaises abruptes. Or le poète est né et a passé son enfance tout près de ce site qui reste dans la mémoire de tout visiteur ; et Fontaine donne naissance à la Sorgue, qui est la rivière de la vocation poétique. Le titre *Les Premiers Instants* a donc deux sens : les *« premiers instants »* de la Sorgue sont aussi ceux où le futur poète est devenu ce qu'il devait être. Mais les allusions privées vont plus loin ; que signifient, en effet, les mots : *« Quelle intervention eût pu nous contraindre ? »* On sait, par une photographie (cf., *infra*, p. 200), que, lorsque ses parents amenaient l'enfant devant le gouffre de Fontaine, *« on ne pouvait* [l']*arracher au trou »*. Le poème est une confession et relate un événement fondateur qui révèle, sur le cas personnel de l'enfant Char, ce qu'est nativement tout être humain : seul un poète *continue* (par instants, du moins) à être cet homme potentiel.

Questions

La Sorgue est une rivière qui naît à Fontaine de Vaucluse, tout près d'une petite ville, L'Isle-sur-Sorgue, où le poète est né et a grandi. Les géographes appellent « sources vauclusiennes » *celles qui sont, comme Fontaine, la résurgence d'un cours d'eau souterrain.*
Les Premiers Instants *se rapportent à cette source,* La Sorgue *chante la rivière, dont le cours est d'abord très rapide.*

Compréhension

1. Les Premiers Instants *disent que nous nous imaginons être nés semblables à la source : si c'était vrai, quelles seraient alors, d'après ce poème, les servitudes de la condition humaine dont nous nous trouverions affranchis ?*

2. *Nous ne poserons aucune question sur* La Sorgue, *poème célèbre et presque populaire : ce serait gâter le plaisir, qui veut, cette fois, que le texte semble sans mystère. Puis, sans détailler le poème, rompons le charme un moment pour nous émerveiller davantage ensuite, et constatons ceci : à part un mot* (« eaux », *dans l'avant-dernier distique), tout ce qui est dit ici d'une rivière pourrait l'être aussi bien d'une montagne, par exemple. Et puis, que peuvent bien être les* « abeilles de l'horizon » *? Qu'est-ce que* « cette ombre que les étoiles refusent à la mer » *? Nous ne sentons même pas que nous ne comprenons pas. Enfin, cette chanson est une allégorie : la Sorgue est la rivière de la vocation particulière du poète,* « la rivière de la vocation et de la verdeur », *comme Char nous l'écrivait.*
Les vers, les images et les sentiments sont si poétiques qu'ils se suffisent ; nous croyons sur parole les choses incroyables qui nous sont dites d'une rivière, nous avons perdu le nord et ne songeons même plus à le chercher. Nous nous en tenons à ce que le poète nous affirme, tout en sentant vaguement que le spectacle a un sens profond (mais lequel ? Peu nous importe), comme nous le sentons de certains rêves pénétrants. La meilleure chose à faire est de lire une autre allégorie, Un voyage à Cythère, *dans* Les Fleurs du Mal *de Baudelaire (« Classiques Hachette », n° 22, pp. 131-133).*

L'EXTRAVAGANT

Il ne déplaçait pas d'ombre en avançant, traduisant une audace tôt consumée, bien que son pas fût assez vulgaire. Ceux qui, aux premières heures de la nuit, ratent leur lit et le perdent ensuite de vue jusqu'au lendemain, peuvent être tentés par les similitudes[1]. Ils cherchent à s'extraire de quelques pierres trop sages, trop chaudes, veulent se délivrer de l'emprise des cristaux à prétention fabuleuse[2], que la morne démarche du quotidien sécrète, aux lieux de son choix, avec des attouchements de suaire. Tel n'était pas ce marcheur que le voile du paysage lunaire, très bas, semblait ne pas gêner dans son mouvement. Le gel furieux effleurait la surface de son front sans paraître *personnel*. Une route qui s'allonge, un sentier qui dévie sont conformes à l'élan de la pensée qui fredonne. Par la nuit d'hiver fantastiquement propre[3] parce qu'elle était commune à la généralité des habitants de l'univers qui ne la pénétraient pas, le dernier comédien n'allait plus exister. Il avait perdu tout lien avec le volume ancien des sources propices aux interrogations, avec les corps heureux qu'il s'était plu à animer auprès du sien lorsqu'il pouvait encore assigner une cime à son plaisir, une neige à son talent. Aujourd'hui il rompait avec la tristesse devenue un objet aguerri, avec la frayeur du convenu. La terre avait faussé sa persuasion, la terre, de sa vitesse un peu courte, avec son imagination safranée[4], son usure crevassée par les

---

1. *tentés par les similitudes* : le commun des mortels, qui aime dormir à poings fermés, est toujours tenté de ressembler à tout le monde, de chercher refuge dans le conformisme.

2. *des cristaux à prétention fabuleuse* : les cristaux de salpêtre qui se forment sur les vieilles murailles, les parois des grottes ou des caves ; leur contact est désagréable.

3. *Par la nuit d'hiver fantastiquement propre* : Cette nuit glacée, où vivent les autres hommes, n'est la sienne que par une apparence trompeuse. Mais pour peu de temps encore...

4. *imagination safranée* : un miroir *safrané* est un miroir jauni, dont le verre est vieilli.

actes des monstres[1]. Personne n'aurait à l'oublier car l'utile ne l'avait pas assisté, ne l'avait pas dessiné en entier au regard des autres. Sur le plafond de chaux blanche de sa chambre, quelques oiseaux étaient passés mais leur éclair avait fondu dans son sommeil.
Le voile du paysage lunaire maintenant très haut déploie ses couleurs aromatiques au-dessus du personnage que je dis[2]. Il sort éclairé du froid et tourne à jamais le dos au printemps qui n'existe pas.

LE POÈME PULVÉRISÉ (1945-1947),
in *FUREUR ET MYSTÈRE*.

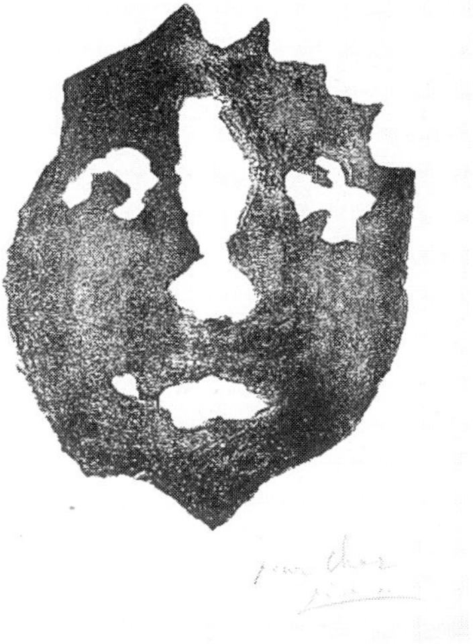

Gravure de Picasso pour Les Transparents *de René Char (1967).*

---

1. *les actes des monstres* : Char songe tout particulièrement au génocide hitlérien.
2. *du personnage que je dis* : le personnage vit désormais dans l'illusion lunaire qui est celle de tous ; séduit par le chatoiement multiple des apparences, il s'imagine que le soleil s'est levé.

À LA DÉSESPÉRADE

Ce puits d'eau douce au goût sauvagin qui est mer ou rien.

– Je ne désire plus que tu me sois ouvert,
Et que l'eau grelottant sous ta face profonde
Me parvienne joyeuse et douce, touffue et sombre,
(Passagères serrées accourues sur mes lèvres
Où réussissent si complètement les larmes),
Puits de mémoire, ô cœur, en repli et luttant.

– Laisse dormir[1] ton ancre tout au fond de mon sable,
Sous l'ouragan de sel où ta tête domine,
Poète confondant[2], et sois heureux,
Car je m'attache encore[3] à tes préparatifs de traversée !

LA SIESTE BLANCHE (1948),
in *LES MATINAUX*.

---

1. *Laisse dormir* : c'est la sagesse qui parle, l'*« identique sagesse »* de *Médaillon* qu'on a lu p. 18.
2. *Poète confondant* : de naïveté ; il a pris l'eau salée de la mer pour l'eau douce du puits de mémoire ; il a cru ne vivre désormais que dans ses souvenirs, dans ce qui n'est plus, dans ce qui n'est rien ; il méconnaissait qu'une sagesse inconsciente lui préparait, au fond de lui-même, un nouveau départ pour le large avenir.
3. *encore* : au sens d'*« une fois de plus »*.

Questions

L'Extravagant est un poème effrayant, désespéré, dans une pénombre fantastique ; la difficulté exceptionnelle du texte ajoute à la puissance de l'effet visionnaire. On devine qu'un homme qui fut grand est en train de se perdre, et ce, comme en fredonnant. Le malaise commence dès les premiers mots, avec ce marcheur qui n'a pas d'ombre ; mais ces mots nous apprennent aussi que le marcheur est un anxieux : sur son crâne, le moindre événement, la « canicule des preuves » *(cf. n. 1, p. 59), cogne aussi fort que le soleil au zénith, qui n'allonge pas d'ombre (consulter l'article* ASCIENS *du Littré). Le marcheur a été poète, et le conformisme n'était pas son fort ; en somme, il a ressemblé à Char. Mais, désespéré et trahi par l'inspiration, il s'abandonne, il n'est plus rien, il suit désormais un chemin de hasard et n'est qu'un comédien. Il finit par prendre sa vie diminuée pour la vraie vie, et la chatoyante pénombre lunaire pour le lever du soleil.*
Il est ce que serait devenu Char, si celui-ci, après la Libération, avait succombé au désespoir qui fut le sien. Désespoir, nous confiait le poète, des atrocités dont l'histoire est pleine ; désespoir de voir les espoirs de la Libération liquidés par la reconstruction gaulliste de l'État ; torture, enfin, des souvenirs de guerre : « Je n'étais pas fait pour tuer », *disait-il. Ce qui l'a sauvé est la* « frayeur du convenu », *des erreurs et des errements banals, et la* « tristesse » *de voir ce qu'est la triste réalité du monde.*

Compréhension

1. *Comment tous les détails (les cristaux, la pénombre lunaire, etc.) sont-ils par eux-mêmes effrayants ou inquiétants, même pour un lecteur qui ne comprendrait pas ce qu'ils symbolisent ?*

2. *Le cas d'*À la désespérade *est bien différent ; la première strophe est remplie de la plus mélodieuse et désespérée des mélancolies, la strophe qui suit montre que le poème se présente comme une sorte d'énigme, de devinette ingénieuse. Le mot d'*« ingéniosité » *est décisif lorsqu'on parle de la poésie de Char ; on n'a pas assez dit que cette poésie était faite de pathétique ingénieux. En particulier, le goût de l'ingéniosité donne l'explication de sa célèbre obscurité.*
Dans la poésie française ou dans des littératures étrangères, pouvez-vous nommer des poètes que vous qualifieriez d'« ingénieux » ?

3. *Quelle attitude, selon Char, faut-il prendre à l'égard du passé et de l'avenir, à en croire* À la désespérade, Médaillon, Redonnez-leur... *et* Versant, *qu'on a lus plus haut ?*

Mise en scène

4. À la désespérade *est un poème ingénieux parce qu'il met en scène une idée abstraite : quels sont les éléments de la mise en scène ?*

HOMMAGE ET FAMINE

Femme qui vous accordez avec la bouche du poète, ce torrent au limon serein, qui lui avez appris, alors qu'il n'était encore qu'une graine captive de loup anxieux, la tendresse des hauts murs polis par votre nom (hectares de Paris, entrailles de beauté, mon feu monte sous vos robes de fugue), Femme qui dormez dans le pollen des fleurs, déposez sur son orgueil votre givre de médium illimité[1], afin qu'il demeure jusqu'à l'heure de la bruyère d'ossements l'homme qui pour mieux vous adorer reculait indéfiniment en vous[2] la diane de sa naissance, le poing de sa douleur, l'horizon de sa victoire.
(Il faisait nuit. Nous nous étions serrés sous le grand chêne de larmes[3]. Le grillon chanta. Comment savait-il, solitaire, que la terre n'allait pas mourir, que nous, les enfants sans clarté, allions bientôt parler ?)

Seuls demeurent (1938-1944),
in *Fureur et Mystère*.

---

1. *médium illimité* : pour ceux qui croient aux sciences occultes, un *médium* est une personne qui a le don d'entrer en contact avec les esprits d'un autre monde et de jouer ainsi le rôle d'intermédiaire entre ce monde et ceux qui ont recours à elle. En chaque médium, ce don est plus ou moins limité. Aux yeux de Char, la féminité est une inspiratrice toute-puissante.
2. *reculait indéfiniment en vous* : cette *Femme* (remarquez la majuscule), qui est le type féminin préféré du poète plutôt qu'une femme déterminée, est amante et inspiratrice ; naître en elle, ce n'est pas devenir son amant (chose faite depuis longtemps), mais naître à la poésie. Char racontait qu'adolescent il ne songeait pas à écrire ; il préférait vivre ardemment, tout en adorant dans son cœur la beauté. Et, durant toute sa vie, la même adoration a été pour lui plus constante et plus précieuse que le désir (et la douleur) d'écrire.
3. *le grand chêne de larmes* : c'est le puissant Arbre des Larmes d'amour pour la beauté toujours lointaine.

L'AMOUREUSE EN SECRET

Elle a mis le couvert et mené à la perfection ce à quoi son amour assis en face d'elle parlera tout bas tout à l'heure, en la dévisageant. Cette nourriture semblable à l'anche d'un hautbois[1].
Sous la table, ses chevilles nues caressent à présent la chaleur du bien-aimé, tandis que des voix qu'elle n'entend pas la complimentent. Le rayon de la lampe emmêle, tisse[2] sa distraction sensuelle.
Un lit, très loin, sait-elle, patiente et tremble[3] dans l'exil des draps odorants, comme un lac de montagne qui ne sera jamais abandonné.

Le Consentement tacite (1949),
in *Les Matinaux*.

1. *semblable à l'anche d'un hautbois* : nourriture qu'on porte délicatement, comme une anche, à la bouche à peine entrouverte. Ce dîner est raffiné comme un concert.
2. *tisse* : dans les moments de distraction, le regard se fait vague, les contours des choses et des êtres deviennent flous, et seul ressort le contraste entre les zones d'ombre et la source de lumière ; tantôt les souvenirs d'amour ne se mêlent que par bribes, distraitement, à l'écoute de la conversation ; tantôt, au contraire, ils se tissent en une évocation cohérente qui rend distraite cette écoute.
3. *tremble* : on ne peut penser à un lit sans se souvenir qu'un lit est élastique.

L'AMANTE

À M.C.C.

Tant la passion m'avait saisi pour cette amante délectable[1], moi non exempt d'épanchement et d'oscillante lubricité[2], je devais, ne devais pas mourir en sourdine ou modifié, reconnu des seules paupières de mon amante[3]. Les nuits de nouveauté sauvage avaient retrouvé l'ardente salive communicante, et parfumé son appartenance fiévreuse[4]. Mille précautions altérées[5] me conviaient à la plus voluptueuse chair qui soit. À nos

---

1. *cette amante délectable* : une inspiratrice, comme dans le poème précédent, mais d'identité déterminée, cette fois, d'où la dédicace. Elle a été la seconde femme du poète.
2. *lubricité* : Char a envie de s'épancher, d'écrire un poème qui soit une confession. Le mot de *lubricité* est dit avec un sourire : c'est une litote, Char feignant de s'accuser d'un petit péché, pour éviter de parler emphatiquement d'un désir profond (qui est *aussi* désir d'écrire, ou, avec une autre litote, de s'épancher).
3. *reconnu des seules paupières de mon amante* : faut-il écrire ou non ? Si l'on n'écrit pas, ce sera un silence de mort ; si l'on écrit, on ne sera plus soi-même : les lecteurs « modifient » l'auteur ; ils voient en lui un être différent de lui, car ils le voient à travers son œuvre et le prennent pour son œuvre. Ce qui est pour lui une autre façon de « mourir ». De même que l'artiste « tue » son modèle, en ce sens que l'œuvre éclipse le modèle, de même les lecteurs font mourir l'artiste à son tour. Seule l'amante voit l'auteur en sa vérité, car elle le voit, paupières closes, avec les yeux de l'amour.
4. *parfumé son appartenance fiévreuse* : la parole communicante, parfumée d'amour charnel (notre auteur a toujours identifié poésie et passion amoureuse), appartient, dans la crainte et le tremblement, au monde supérieur de la beauté.
5. *précautions altérées* : les gestes de l'amant le plus empressé n'en sont pas moins précautionneux, les gestes du créateur qui approche les mains de son œuvre en gestation le sont aussi. Comme la précaution occupe alors le premier plan de la conscience, Char renverse les rapports trop logiques, selon lesquels ce qui convie à l'assouvissement est la soif, et non la précaution. La prose parlerait d'une « *soif précautionneuse* ».

mains un désir d'outre destin[1], quelle crainte à nos lèvres demain ?

ÉLOGE D'UNE SOUPÇONNÉE (1988).

Picasso, Le Minotaure *(1936),*
illustration pour le poème de René Char, Dépendance de l'Adieu.

1. *un désir d'outre destin* : le désir trompe le destin en tranchant le dévidement « programmé » (si l'on ose dire) des jours.

ENVOÛTEMENT À LA RENARDIÈRE

Vous qui m'avez connu, grenade dissidente, point du jour déployant le plaisir comme exemple, votre visage – tel est-il, qu'il soit toujours[1] –, si libre qu'à son contact le cerne infini de l'air se plissait, s'entrouvrant à ma rencontre[2], me vêtait des beaux quartiers de votre imagination. Je demeurais là, entièrement inconnu de moi-même, dans votre moulin à soleil, exultant à la succession des richesses d'un cœur qui avait rompu son étau. Sur notre plaisir s'allongeait l'influente douceur de la grande roue consumable du mouvement, au terme de ses classes[3].

À ce visage – personne ne l'aperçut jamais –, simplifier la beauté[4] n'apparaissait pas comme une atroce économie. Nous étions exacts dans l'exceptionnel qui seul sait se soustraire au caractère alternatif du mystère de vivre. Dès lors que les routes de la mémoire se sont couvertes de la lèpre infaillible des monstres[5], je trouve refuge dans une innocence où l'homme qui rêve ne peut vieil-

1. *qu'il soit toujours* : c'est plus une pieuse bénédiction qu'un souhait galant : l'aimée est exaltée ici comme une inspiratrice surnaturelle, comme une déesse momentanée ; puisse le visage qu'elle parut avoir en ces heures d'*« envoûtement »* être éternel ! Cette journée de *« plaisir »* fut donc aussi (du moins sous la plume du poète) l'*« exemple »*, l'allégorie, d'une expérience plus élevée.

2. *s'entrouvrant à ma rencontre* : ébloui, le poète ne voit plus rien, que ce visage qui s'avance à sa rencontre. Toute la journée sera non moins éblouissante de soleil.

3. *Sur notre plaisir* [...] *ses classes* : la lente course du soleil vers l'heure du... retour des écoliers, avec les ombres longues de la fin du jour.

4. *simplifier la beauté* : comprenons : *« simplifier la réalité pour la rendre belle »*, *« styliser la réalité, l'épurer, la trier »* ; car la réalité presque tout entière n'est qu'un chaos fort laid, irrégulier, approximatif, mal ficelé ; seule la beauté est *exacte* ; mais elle est exceptionnelle.

5. *la lèpre infaillible des monstres* : le poème a été écrit pendant la Seconde Guerre mondiale.

lir. Mais ai-je qualité pour m'imposer de vous survivre[1], moi qui dans ce Chant de Vous me considère comme le plus éloigné de mes sosies ?

SEULS DEMEURENT (1938-1944),
in *FUREUR ET MYSTÈRE*.

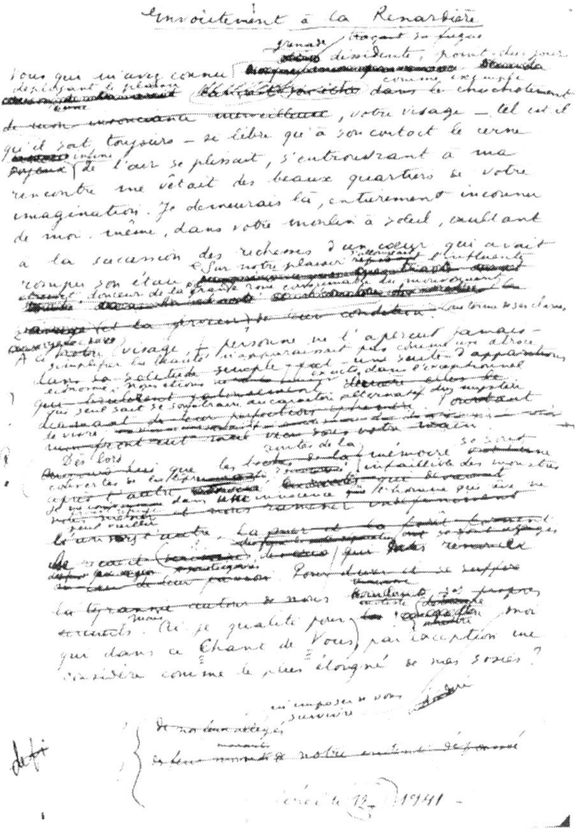

1. *Mais ai-je* [...] *vous survivre* : transfiguré un moment par l'envoûtement de l'inspiratrice (simple femme, elle-même transfigurée momentanément), l'auteur de ce poème sait qu'il n'est plus ce que l'inspiratrice fit de lui. En outre, a-t-il le droit, au temps où se déchaînent les monstres, de continuer à vivre en pensée dans l'innocence poétique ?

Questions

Quatre poèmes d'amour, mais bien différents. L'Amoureuse en secret *dit la beauté mondaine des liaisons secrètes, des beaux secrets bien gardés et de leur malice, avec une belle finesse d'écriture. Les trois autres chantent l'amour qui inspire la poésie (jusqu'à en devenir éventuellement un symbole). Dans* L'Amante, *l'inspiratrice est une personne réelle ; elle est plutôt l'éternel féminin dans* Hommage et Famine *et, dans* Envoûtement à la Renardière, *elle est transfigurée. Cette élaboration de la réalité amoureuse a nom* « ingéniosité », *puisque celle-ci consiste à fabriquer des objets complexes. S'il a existé un poète ingénieux, ce fut bien Pétrarque, et* L'Amante, *à la réflexion, est d'un art tout pétrarquiste. Est-il besoin d'ajouter qu'à être complexe un art n'en reste pas moins humain et émouvant ? Qu'on relise certaines phrases d'*Hommage et Famine, *vrais solos de hautbois.*
La vérité humaine de ces poèmes d'amour est patente et exprimée en termes ardents ; on a de bonnes raisons de douter des sentiments de Pétrarque pour son aimée (jusqu'au XVIIIe *siècle, l'amour est surtout un thème romanesque : on chantait l'amour pour plaire aux lecteurs), mais on ne saurait douter des sentiments de notre auteur ; la sincérité romantique est passée par là.*

Compréhension

1. *La liaison qu'établit Char entre l'amour et la création poétique est pourtant si constante qu'elle semble un peu systématique. Comment concevoir cette liaison ? Expérience individuelle ? Fiction poétique ? Confusion de l'amour et de la poésie en une réalité supérieure ?*

2. *Dans* Envoûtement à la Renardière, *comment comprendre les mots de* « grenade dissidente » *(songez à la forme de ce fruit, à ce qu'il recèle...) ? de* « personne ne l'aperçut jamais » *? de* « Vous qui m'avez connu » *? Le cœur qui a* « rompu son étau » *est-il celui de l'amante ou du poète ?*

3. « Simplifier la beauté » *peut vouloir dire bien des choses ; ce peut être le choix d'un style simple, ni précieux, ni baroque ; ce peut être aussi le fait de tout style : un artiste doit dominer le foisonnement de la réalité. Qu'évoquent pour vous ces affirmations ?*

LE DEUIL DES NÉVONS[1]

Pour un violon, une flûte et un écho.

Un pas de jeune fille
A caressé l'allée,
A traversé la grille.

Dans le parc des Névons[1]
Les sauterelles dorment.
Gelée blanche et grêlons
Introduisent l'automne.

C'est le vent qui décide
Si les feuilles seront
À terre avant les nids.

*

Vite ! Le souvenir néglige
Qui lui posa ce front,
Ce large coup d'œil, cette verse[2],
Balancement de méduse
Au-dessus du temps profond.

Il est l'égal des verveines,
Chaque été coupées ras[3],
Le temps où la terre sème.

---

1. *le parc des Névons* : dans la petite ville vauclusienne de L'Isle-sur-Sorgue, où est né le poète, ce parc était la propriété de la famille Char.
2. *cette verse* : à son habitude, Char renverse ou bouleverse les relations trop logiques. Le souvenir, cette puissance médusante, a un front imposant, et son coup d'œil embrasse l'étendue du passé mort (de la *verse*, c'est-à-dire des moissons renversées par les orages). Pourtant, l'homme qui a ce large souvenir (qui lui a *posé* sa largeur) ne manque pas de le *négliger*, ou plutôt devrait le faire ; mais, par prétérition, loin de suivre son propre conseil, le poète va nous rapporter ses souvenirs.
3. *des verveines* [...] *coupées ras* : les verveines sont odorantes comme le souvenir. Un bon jardinier ne manque pas de les couper ras chaque année. Ainsi les pousses futures seront plus belles.

*

La fenêtre et le parc,
Le platane et le toit
Lançaient charges d'abeilles,
Du pollen au rayon[1],
De l'essaim à la fleur.

Un libre oiseau voilier,
Planant pour se nourrir,
Proférait des paroles
Comme un hardi marin.

Quand le lit se fermait
Sur tout mon corps fourbu,
De beaux yeux[2] s'en allaient
De l'ouvrage vers moi.

L'aiguille scintillait ;
Et je sentais le fil
Dans le trésor des doigts
Qui brodaient la batiste.

Ah ! lointain est cet âge.
Que d'années à grandir,
Sans père[3] pour mon bras !

Tous ses dons répandus,
La rivière[4] chérie
Subvenait aux besoins.
Peupliers et guitares
Ressuscitaient au soir

1. *au rayon* : au rayon de miel.
2. *De beaux yeux* : ces beaux yeux sont ceux de la sœur aînée, que Char aimait beaucoup.
3. *Sans père* : l'enfant a perdu son père à onze ans.
4. *La rivière* : le ruisseau des Névons, qui a donné son nom au parc ; il a été aujourd'hui recouvert pour former une route.

Pour fêter ce prodige
Où le ciel n'avait part[1].

Un faucheur de prairie
S'élevant, se voûtant,
Piquait les hirondelles[2],
Sans fin silencieux.

Sa quille retenue
Au limon de l'îlot,
Une barque était morte.

L'heure entre classe et nuit,
La ronce les serrant,
Des garnements confus
Couraient, cruels et sourds.
La brume les sautait[3],
De glace et maternelle.
Sur le bambou des jungles
Ils s'étaient modelés[4],
Chers roseaux voltigeants !

*

Le jardinier invalide sourit

---

1. *Où le ciel n'avait part* : Ce n'était pas le ciel (les événements extérieurs) qui suscitait ce prodige, mais la seule imagination des enfants (on se souvient de *Jacquemard et Julia*).
2. *Un faucheur [...] les hirondelles* : il semble chercher à les piquer de sa faux. Ce faucheur des prairies de la Sorgue n'est autre que Louis Curel, dont le grand poème que l'on a lu porte le nom.
3. *La brume les sautait* : c'est-à-dire qu'avec la lucidité de l'enfance ils savaient franchir, presque d'un saut, les traînées de brume – qu'elles fussent dans l'air ou dans leur esprit.
4. *Ils s'étaient modelés* : on n'ignore pas que l'homme est un roseau pensant. Dans la symbolique de Char, il en va de même. Mais ces gamins prennent pour modèle, non le frêle roseau, mais le vigoureux bambou, qu'ils connaissent par *Le Livre de la jungle* ou par quelque livre pour enfants.

Au souvenir de ses outils perdus[1].
Au bois mort qui se multiplie.

*

Le bien qu'on se partage[2],
Volonté d'un défunt,
A broyé et détruit
La pelouse et les arbres,
La paresse endormie,
L'espace ténébreux
De mon parc des Névons.

Puisqu'il faut renoncer
À ce qu'on ne peut retenir,
Qui devient autre chose
Contre ou avec le cœur, –
L'oublier rondement,

Puis battre les buissons
Pour chercher sans trouver
Ce qui doit nous guérir
De nos maux inconnus
Que nous portons partout.

La bibliothèque est en feu et autres poèmes (1956),
in *La Parole en archipel.*

1. *Le jardinier* [...] *outils perdus* : ce jardinier n'est autre que l'auteur de ces vers ; il se prétend *invalide* (ce que dément la beauté du poème, et il ne l'ignore pas) ; ce soupir convenait au ton mélancolique du poème. Pour un jardinier, la perte d'un sécateur dans le fouillis de la végétation est un incident fréquent, mais qui fait date. Quant au bois mort, on devine ce que c'est dans la bouche d'un jardinier-poète.
2. *Le bien qu'on se partage* : propriété de famille, les Névons furent mis en vente en 1954, les héritiers n'ayant pas tous accepté de les conserver.

LA MINUTIEUSE

L'inondation[1] s'agrandissait. La campagne rase, les talus, les menus arbres désunis s'enfermaient dans des flaques dont quelques-unes en se joignant devenaient lac. Une alouette au ciel trop gris chantait. Des bulles çà et là brisaient la surface des eaux, à moins que ce ne fût quelque minuscule rongeur ou serpent s'échappant à la nage. La route encore restait intacte. Les abords d'un village se montraient. Résolus et heureux nous avancions. Dans notre errance il faisait beau. Je marchais entre Toi et cette Autre qui était Toi[2]. Dans chacune de mes mains je tenais serré votre sein nu. Des villageois sur le pas de leur porte ou occupés à quelque besogne de planche nous saluaient avec faveur. Mes doigts leur cachaient votre merveille. En eussent-ils été choqués ? L'une de vous s'arrêta pour causer et pour sourire. Nous continuâmes. J'avais désormais la nature à ma droite et devant moi la route. Un bœuf au loin, en son milieu, nous précédait. La lyre de ses cornes, il me parut, tremblait. Je t'aimais. Mais je reprochais à celle qui était demeurée en chemin, parmi les habitants des maisons, de se montrer trop familière. Certes, elle ne pouvait figurer parmi nous que ton enfance attardée. Je me rendis à l'évidence. Au village la retiendraient l'école et cette façon qu'ont les communautés aguerries de temporiser avec le danger. Même celui d'inondation. Maintenant nous avions atteint l'orée de très vieux arbres et la solitude des souvenirs. Je voulus m'enquérir de ton nom

---

1. *L'inondation* : La montée des eaux de l'inspiration poétique. Suit un tableau de rêve (mais d'un rêve allégorique en tous ses détails) qui a la grâce d'une peinture du quattrocento.
2. *Toi* : *Toi*, la *Minutieuse*, est l'écriture savante, ingénieuse, le grand genre ; l'*Autre* est la poésie aimable, celle de la *Complainte du lézard amoureux* (cf. p. 23) ou même du *Deuil des Névons* (cf. p. 86), pour laquelle Char avait beaucoup de facilité ; il ne s'en méfiait que plus ; *« au village la retiendrait l'école »*, celle du recueil *Placard pour un chemin des écoliers* (1936-1937) et de *Compagnie de l'écolière* (cf. p. 53).

éternel et chéri que mon âme avait oublié : « Je suis la Minutieuse. » La beauté des eaux profondes nous endormit.

La Paroi et la Prairie (1952),
in *La Parole en archipel.*

Photographie d'Henriette Grindat, extraite du recueil La Postérité du Soleil, © *Edwin Engelberts et Éditions de l'Aire, 1965, texte d'Albert Camus, préfacé et postfacé par René Char.*

QU'IL VIVE !

Ce pays n'est qu'un vœu de l'esprit, un contre-sépulcre.

Dans mon pays, les tendres preuves du printemps et les oiseaux mal habillés sont préférés aux buts lointains[1].

La vérité attend l'aurore à côté d'une bougie. Le verre de fenêtre[2] est négligé. Qu'importe à l'attentif.

Dans mon pays, on ne questionne pas un homme ému.

Il n'y a pas d'ombre maligne[3] sur la barque chavirée.

Bonjour à peine[4], est inconnu dans mon pays.

On n'emprunte[5] que ce qui peut se rendre augmenté.

Il y a des feuilles, beaucoup de feuilles sur les arbres de mon pays. Les branches sont libres de n'avoir pas de fruits[6].

On ne croit pas à la bonne foi du vainqueur[7].

Dans mon pays, on remercie[8].

La Sieste blanche (1948),
in *Les Matinaux*.

---

1. *les tendres preuves* [...] *buts lointains* : les esquisses et les œuvres imparfaites sont préférées aux œuvres de longue haleine.
2. *Le verre de fenêtre* : qui laisse voir les modes littéraires et intellectuelles du jour ; on préfère la méditation solitaire à l'actualité.
3. *pas d'ombre maligne* : une œuvre manquée ne laisse pas l'amertume d'une défaite : dans la création, on n'est pas aux prises avec un ennemi, mais avec des difficultés objectives.
4. *Bonjour à peine* : on ne dit pas à peine bonjour, on le dit de grand cœur. Chaque matin, le poète a du cœur à l'ouvrage.
5. *On n'emprunte* : à la tradition, à un autre artiste, à un penseur, etc.
6. *de n'avoir pas de fruits* : de ne pas aboutir à une œuvre.
7. *On ne croit pas à la bonne foi du vainqueur* : Si une œuvre est manquée, il ne faut pas accepter sa défaite et croire que cet échec prouve qu'on n'avait pas la vocation.
8. *Dans mon pays, on remercie* : Il arrive aussi qu'on ait la joie et la gratitude de la victoire, et l'on en remercie le ciel, ou, comme faisait Char, le (bon) diable.

POURQUOI LA JOURNÉE VOLE

Le poète s'appuie, durant le temps de sa vie, à quelque arbre, ou mer, ou talus, ou nuage d'une certaine teinte, un moment, si la circonstance le veut. Il n'est pas soudé à l'égarement d'autrui. Son amour, son saisir, son bonheur ont leur équivalent[1] dans tous les lieux où il n'est pas allé, où jamais il n'ira, chez les étrangers qu'il ne connaîtra pas. Lorsqu'on élève la voix devant lui, qu'on le presse d'accepter les égards qui retiennent, si l'on invoque à son propos les astres, il répond qu'il est du pays d'*à côté*, du ciel qui vient d'être englouti[2].
Le poète vivifie puis court au dénouement.
Au soir, malgré sur sa joue plusieurs fossettes d'apprenti[3], c'est un passant courtois qui brusque les adieux pour être là quand le pain sort du four.

L'Amie qui ne restait pas,
in *Poèmes des deux années,* II (1955),
in *La Parole en archipel.*

1. *ont leur équivalent* : en renversant les termes, on dira que, pour le besoin que le créateur a d'eux, un homme, un pays, un site quelconque en valent un autre ; il n'y a pas de sujet bon ou mauvais : le bon sujet est celui sur lequel l'inspiration se pose un moment.
2. *qui vient d'être englouti* : on a vu, dans le poème précédent *(Qu'il vive !)*, quel est ce pays d'à côté, qui, à tout moment, vient d'être englouti à l'instant, puisqu'il est toujours séparé du moment présent par l'intervalle qui sépare un pays des souhaits et le monde réel.
3. *plusieurs fossettes d'apprenti* : en poésie, on ne sait jamais rien, à chaque poème on redevient un apprenti, disait un jour le poète.

J'HABITE UNE DOULEUR

Ne laisse pas le soin de gouverner ton cœur à ces tendresses[1] parentes de l'automne auquel elles empruntent sa placide allure et son affable agonie. L'œil est précoce à se plisser. La souffrance connaît peu de mots. Préfère te coucher sans fardeau : tu rêveras du lendemain et ton lit te sera léger. Tu rêveras que ta maison n'a plus de vitres. Tu es impatient de t'unir au vent, au vent qui parcourt une année en une nuit. D'autres chanteront l'incorporation mélodieuse, les chairs qui ne personnifient plus que la sorcellerie du sablier. Tu condamneras la gratitude[2] qui se répète. Plus tard, on t'identifiera à quelque géant désagrégé, seigneur de l'impossible.
Pourtant.
Tu n'as fait qu'augmenter le poids de ta nuit. Tu es retourné à la pêche aux murailles[3], à la canicule sans été. Tu es furieux contre ton amour[4] au centre d'une entente qui s'affole. Songe à la maison parfaite que tu ne verras jamais monter. À quand la récolte de l'abîme? Mais tu as crevé les yeux du lion[5]. Tu crois voir passer la beauté au-dessus des lavandes noires[6]...

---

1. *à ces tendresses* : à une complaisance pour l'écriture, à ce goût d'écrire qui souvent *s'incorpore* en manie et dont la *sorcellerie* du temps fait une simple habitude.
2. *la gratitude* : la satisfaction d'avoir fait un poème ; on en éprouve une espèce de reconnaissance envers on ne sait qui (*« Dans mon pays, on remercie »*, comme on l'a lu dans *Qu'il vive !*).
3. *la pêche aux murailles* : les petits devoirs qu'on se crée pour tuer le temps et qui sont autant d'obligations qui barrent l'avenir.
4. *ton amour* : la Beauté bien aimée, qu'on hait parce qu'on n'écrit plus.
5. *les yeux du lion* : c'est le *« lion de la moisson »* dont parlent d'autres textes.
6. *des lavandes noires* : selon une confidence arrachée au poète, il s'agit de lavandes séchées sur pied pendant l'hiver (car non récoltées) ; et donc, sans doute, de projets de poèmes qu'on a abandonnés. On ne peut plus écrire, puisqu'on a aveuglé le lion des récoltes ; en d'autres termes, on a renoncé à la poésie. Mais on songe avec regret à la beauté qui aurait été celle de ces poèmes.

J'HABITE UNE DOULEUR

Qu'est-ce qui t'a hissé, une fois encore, un peu plus haut, sans te convaincre ?
Il n'y a pas de siège pur.

Le Poème pulvérisé (1945-1947),
in *Fureur et Mystère*.

Questions

Compréhension

1. Le Deuil des Névons *est ce que dit l'épigraphe : phrasé en volutes de la flûte, soupirs du violon qui module l'émotion, effet d'écho aux pas d'un visiteur qui résonnent dans les corridors d'une demeure abandonnée. C'est l'un de ces poèmes non « minutieux » que Char appelait* « chansons » *ou* « poèmes à dire » *(et non à lire attentivement) :* « pièces presque banales, d'un coloris clément, d'un contour arriéré, dont le tissu cependant porte une minuscule plaie » (Mise en garde *des* Matinaux). *On comparera* La Vigne et la Maison *de Lamartine, qui reste un bon poème, et l'on constatera combien, dans les* Névons, *la matière (le contenu des souvenirs) est allégée.*
À ce genre facile (que les lecteurs ont le droit de préférer), La Minutieuse *oppose un art plus minutieux : quels sont selon vous, dans les poèmes « savants », les caractères de cette minutie ?*

2. Qu'il vive ! *est un piège que Char, comme il le fait souvent, tend au lecteur pressé (qui risque d'y voir une suite de maximes moralisatrices, voire une poésie régionaliste !). Cette page faussement facile dit les privilèges du métier de poète (métier qui n'est pratiqué qu'à de trop rares moments et qu'aucun homme ne saurait faire figurer sur sa carte d'identité ; comme* Jacquemard et Julia, *ces privilèges font rêver à une condition humaine qui aurait pu être meilleure qu'elle ne l'est) : quels sont ces privilèges ?*

3. *Le titre de* J'habite une douleur *« infuse » dans le poème qui se lit au-dessous et y ajoute une donnée capitale, mais laquelle ? Il faut savoir que cette douleur est celle de l'amour pour la Beauté lointaine qui est presque toujours absente de notre monde décevant.*

DIRE AUX MIENS

Tes os grondent Tu t'informes poliment, auprès de ces
[tyrans de l'arrière du sujet de leur mécontentement
Ils blâment ton maintien volatil, t'imposent l'éparpillement des scories du langage sur le point de s'unir au
[sperme de l'image
Ils arriment sans douceur ta physionomie évadée de
[l'échafaud de ton socle
Sous le prétexte d'instruire ta disponibilité
Ils te changent en église
Avec autour une halle aux bœufs

Frère aux perfectionnements compliqués aux larmes de
[purin sur le toit vermeil de la serre[1]
Tu as dîné de levain[2] il ne t'a pas grisé
Tu touches à ton insu la branche du glacier où le déses-
[poir assemble son ardente verdure
La déclivité de ton sang repousse la servitude bornée de
[la grâce
Quand tu t'enfermes dans ta nuit pour compter tes
[écueils ô probe[3]
Les ventouses du radeau imitent la quille du gouffre

Visionnaire adapté aux surprises de la terre
Malgré l'intimité multiforme du néant[4]
Ton émotion appelle à l'aide se divise à l'intérieur des
[vents qui secouent ton antenne

---

1. *toit vermeil de la serre* : lorsqu'elle réfléchit l'ardent soleil de midi, une *serre* flamboie aussi splendidement que la Beauté. Mais des *larmes* de boue, des salissures que Char injurie du nom de *purin*, font des taches opaques dans ce flamboiement ; ce sont les parties faibles des poèmes.
2. *de levain* : de la violence des images surréalistes.
3. *probe* : honnête, scrupuleux.
4. *du néant* : de l'angoisse de mourir, présente partout sous mille formes.

Avec un carré de ta peau je ranimerai des parachutes[1]
capturerai ces libellules à torse de boucher qui désossent
[l'espace[2]
Marierai l'équivoque infaillible aux couleurs terminées[3]

Terreur des trèfles[4] mon égale compagne
Je sais que le fardeau du soleil s'ensevelit en toi
Lorsqu'il me porte irrésistiblement à vivre[5]
Je t'admire de pouvoir regarder sans fatigue les épais-
seurs de forêts dans mes mains continues se transformer
[en sable[6]
Notre sueur[7] dans le miroir de notre amour comme au
[premier jour bourdonne d'électricité.

Dehors la nuit est gouvernée (1937-1938).

---

1. *parachutes* : lorsque Char ne trouvait pas le mot juste, l'image appropriée, il se résignait à recourir à la vieille rhétorique poétique, ce *parachute ;* si l'émotion lui fait enfin trouver ses mots, le *parachute* remontera au ciel.
2. *ces libellules à torse de boucher* : les *libellules* ont, en effet, un *« torse de boucher » ;* leur vol saccadé évoque les gestes du boucher qui *désosse* la viande. De même, un poète désarticule les apparences pour les recomposer en un résultat plus beau.
3. *terminées* : délimitées, claires et distinctes et, donc, prosaïques. Dans son *Art poétique,* Verlaine donne un conseil analogue : il faut choisir ses mots avec *« quelque méprise. / Rien de plus cher que la chanson grise / Où l'Indécis au Précis se joint ».*
4. *Terreur des trèfles* : la Dame de *Trèfle* (qui est ici la Beauté) bat, au tarot, la maléfique Dame de Pique (qu'elle *terrifie* donc) : la Beauté fait parfois que le poète trouve ses mots et triomphe de la malchance. Et cette Dame est peut-être aussi la belle Nush, maîtresse de Paul Eluard : une photo de Man Ray a immortalisé Nush en Dame de Trèfle.
5. *Lorsqu'il me porte irrésistiblement à vivre* : lorsque le poète se sent le goût de vivre, il a tôt fait de comprendre que c'est parce que sa vie quotidienne est présentement occupée à écrire, à aimer la Beauté, si bien que le poids de la quotidienneté n'est plus.
6. *se transformer en sable* : à cette époque où il se débattait avec l'écriture et n'avait pas encore trouvé sa manière, Char avait autant raturé qu'écrit.
7. *Notre sueur* : *sueur* du travail, *sueur* d'angoisse, *sueur* des ébats amoureux.

Questions

Ce puissant et lucide poème de jeunesse marque la fin (1937-1938) de la période surréaliste de Char, durant laquelle poétiser avait consisté à trouver des images. C'est un examen de conscience poétique : Char doute d'une poésie qui n'est qu'images, tout le reste étant réputé être « scories du langage » ; *il commence à s'en dégriser, à se méfier des abus de ce* « levain » *surréaliste. En même temps, il se méfie de la « grâce » et de ses facilités courtisanes, serviles.*
Précisément, dans ce poème, les images, tout inattendues qu'elles sont, ont une pertinence et une mesure qu'elles n'ont pas toujours ailleurs. Elles n'en exigent pas moins, du lecteur, beaucoup d'imagination – au sens exact du mot : le seul moyen de comprendre ce que le poème « veut dire » est de se représenter ce que les images font voir. Nous avons ainsi (cf. n. 2, p. 98) décrit la libellule et son vol, car nous ne sommes pas certains que les lecteurs des villes aient vu souvent des libellules voler et le boucher du village opérer.

Compréhension

1. *Vous décrirez donc ce que les différentes images donnent à voir; par exemple, au début, l'*« église » *pour* « bœufs » *que devient le surréalisme, infatué de sa poétique qui tourne au rituel machinal; le* « socle » *du poète qui prend la pose et se fige en sa propre statue pour la postérité, au lieu de demeurer inquiet et vivant... Ce socle est un* « échafaud » *!*

Écriture

2. *Toutefois, certaines métaphores ne sont pas des images, mais jouent sur les mots : un arbre a des branches, mais on parle aussi des* « branches d'un glacier », *qui sont les glaciers affluents du glacier principal. Vous démêlerez ce passage. Et pourquoi un* « glacier » *?*
Outre l'équilibre entre la nouveauté des images et leur netteté, le poème vaut par sa loyauté, sa sincérité angoissée, son dénuement : le poète y prévient « les [s]iens », *qui forment* « [s]on escorte » *(cf.* Le Visage nuptial, *n. 1, p. 35), de ses doutes, de ses faiblesses et aussi de ses raisons d'espérer. Le rude éclat de ce langage laisse voir à nu l'individu Char et la réalité de sa passion.*

LA CHAMBRE DANS L'ESPACE

Tel le chant du ramier quand l'averse est prochaine – l'air se poudre de pluie, de soleil revenant –, je m'éveille lavé, je fonds en m'élevant ; je vendange le ciel novice.

Allongé contre toi, je meus ta liberté. Je suis un bloc de terre qui réclame sa fleur.

Est-il gorge menuisée plus radieuse que la tienne ? Demander c'est mourir !

L'aile de ton soupir met un duvet aux feuilles. Le trait de mon amour ferme ton fruit, le boit.

Je suis dans la grâce de ton visage que mes ténèbres couvrent de joie.

Comme il est beau ton cri qui me donne ton silence !

L'Amie qui ne restait pas,
in *Poèmes des deux années*, II (1955),
in *La Parole en archipel*.

Chambre du Pape : cages d'oiseaux (*Avignon, Palais des Papes*).

ALLÉGEANCE

Dans les rues de la ville il y a mon amour[1]. Peu importe où il va dans le temps divisé[2]. Il n'est plus mon amour, chacun peut lui parler. Il ne se souvient plus ; qui au juste l'aima ?

Il cherche son pareil dans le vœu des regards. L'espace qu'il parcourt est ma fidélité. Il dessine l'espoir et léger l'éconduit. Il est prépondérant sans qu'il y prenne part.

Je vis au fond de lui comme une épave heureuse. À son insu, ma solitude est son trésor. Dans le grand méridien[3] où s'inscrit son essor, ma liberté le creuse[4].

Dans les rues de la ville il y a mon amour. Peu importe où il va dans le temps divisé. Il n'est plus mon amour, chacun peut lui parler. Il ne se souvient plus ; qui au juste l'aima et l'éclaire de loin pour qu'il ne tombe pas ?

La Fontaine narrative (1947),
in *Fureur et Mystère*.

---

1. *mon amour* : la femme que j'aime, ou ma poésie, car le poème a délibérément les deux sens ; livré aux lecteurs, un poème, tout en restant ce que ma liberté créatrice l'a fait être, m'oublie ; il vit sa vie d'œuvre, distincte de son auteur.
2. *divisé* : partagé entre les hommes (dont l'un a tout son temps ; un autre est pressé, un troisième est lent d'esprit...).
3. *méridien* : un *méridien* est un midi perpétuel ; dans son trajet parmi les hommes, l'aimée est toujours sur sa ligne de crête et ne décline pas.
4. *ma liberté le creuse* : ma liberté créatrice. Je creuse le poème que je crée, je le rends léger : il ne pèse pas, car il est créé pour la beauté, la délectation ; il n'enseigne rien : ce n'est pas un manuel d'histoire ou de physique.

LA FAUVETTE DES ROSEAUX

L'arbre le plus exposé à l'œil du fusil n'est pas un arbre pour son aile. La remuante est prévenue : elle se fera muette en le traversant. La perche de saule happée est à l'instant cédée par l'ongle de la fugitive. Mais dans la touffe de roseaux où elle amerrit, quelles cavatines! C'est ici qu'elle chante. Le monde entier le sait.
Été, rivière, espaces, amants dissimulés, toute une lune d'eau[1], la fauvette répète : « Libre, libre, libre, libre[2]... »

NEUF MERCI POUR VIEIRA DA SILVA, IX (1955),
in *LA BIBLIOTHÈQUE EST EN FEU ET AUTRES POÈMES*,
in *LA PAROLE EN ARCHIPEL*.

---

1. *toute une lune d'eau* : la fauvette chante de jolies choses qui sont de la fiction (*lune* et non soleil) douce à notre cœur (*d'eau*, et non sec, aride).
2. *« Libre, libre, libre, libre... »* : elle chante une liberté qui est... la liberté de chanter. Car, selon Char, la seule activité qu'on puisse dire libre est la poésie, qui crée, qui ajoute des fictions à la réalité, au lieu de la reproduire servilement comme fait la connaissance savante.

Effacement du peuplier : *poème et dessin de René Char (1962).*

EFFACEMENT DU PEUPLIER

L'ouragan dégarnit les bois.
J'endors, moi, la foudre aux yeux tendres[1].
Laissez le grand vent où je tremble
S'unir à la terre où je croîs.

Son souffle affile ma vigie.
Qu'il est trouble le creux du leurre
De la source[2] aux couches salies!

Une clé[3] sera ma demeure,
Feinte d'un feu que le cœur certifie[4];
Et l'air qui la tint dans ses serres.

Retour amont (1965),
in *Le Nu perdu*.

---

1. *la foudre aux yeux tendres* : la haute silhouette *affilée* des peupliers attire sur eux la *foudre*, et ce peuplier va être foudroyé, « tué » en poème, par le feu céleste.
2. *De la source* : il arrive que les *sources* de la vérité en qui l'on avait jusqu'ici une confiance enfantine se révèlent *salies* (les couches d'une source sont les mousses de son bassin) ; par exemple, la nature, dégradée par l'industrialisation, n'est plus une inspiratrice ; ou encore, tel penseur dont on s'était abreuvé se révèle suspect ou compromis (les nazis ont compromis Nietzsche). Désormais, la vérité ne pourra plus nous venir que de nous-mêmes et du regard élevé ou *vigie* que, comme le peuplier, nous jetterons sur le monde.
3. *Une clé* : la *clé* est un poème, qui ouvre son auteur au lecteur et le lecteur à l'auteur ; le peuplier a été *effacé* par la foudre de l'inspiration, il a été « tué » en un poème qui l'absorbe et qui n'est autre que celui qu'on est en train de lire.
4. *Feinte d'un feu que le cœur certifie* : le peuplier *demeurera* désormais en ce poème. Ce n'est là qu'une *feinte*, une fiction littéraire ; mais *l'air* (le vent de l'inspiration) qui a élevé et emporté le peuplier dans le ciel de la poésie (comme Ganymède enlevé par l'aigle de Zeus) certifie que cette feinte est vraie (d'une vérité plus élevée que la simple réalité) ; et le *cœur* des lecteurs, ce cœur qui a besoin de poésie pour battre encore, approuve chaleureusement cette fiction plus vraie que la vérité. Le dessin de René Char, illustrant ce poème, montre le zigzag de la foudre qui terrasse un homme au pied du peuplier (cf. p. 104).

SE RÉCHAUFFER L'ARDEUR

Dans le froid, le vent, lancées vers vos montagnes,
Se confiant à leur rougeur[1],
Point d'ailes comme les vôtres, mes grives en décembre ;
Moi je baisse la tête et j'amarre à la rive,
Coureur de vertes eaux originairement ;
Oui, nous sommes pareils lorsque la peur nous crible
De son savoir[2] jamais usé.

Le soleil disparut sur sa palette étroite,
Taisant son lendemain fatal.
Nous ouvrîmes de guerre lasse
Sur la terre enfantine l'écluse d'un bref sommeil.

6 décembre 1981.

LOIN DE NOS CENDRES.

---

1. *Se confiant à leur rougeur* : en Vaucluse, la grive est un oiseau migrateur (certaines viennent de Finlande) qui arrive en décembre ; elle prend son vol à l'heure de la *passée*, disent les chasseurs, à la fin du jour, quand le soleil couchant fait rougeoyer les collines à l'horizon.
2. *De son savoir* : la peur de la mort, lorsque arrive la soixantaine, s'installe à demeure chez beaucoup d'hommes, qui préfèrent ne pas en parler. Ce poème date des dernières heures du poète. L'idée de la mort est un savoir dont on ne se blase jamais : chaque fois que cette idée traverse l'esprit, la peur *crible* d'un coup le corps, comme feraient les douze balles d'un peloton d'exécution.

SEPT PARCELLES DE LUBERON

I

Couchés en terre de douleur,
Mordus des grillons, des enfants,
Tombés de soleils vieillissants,
Doux fruits de la Brémonde.

Dans un bel arbre sans essaim[1],
Vous languissez de communion[2],
Vous éclatez de division,
Jeunesse, voyante nuée.

Ton naufrage n'a rien laissé
Qu'un gouvernail pour notre cœur,
Un rocher creux pour notre peur,
Ô Buoux[3], barque maltraitée !

Tels des mélèzes grandissants,
Au-dessus des conjurations[4],
Vous êtes le calque du vent,
Mes jours, muraille d'incendie.

---

1. *Dans un bel arbre sans essaim* : les abeilles *essaiment* pour aller fonder une ruche où faire leur miel en sa jeunesse, Char, au contraire, ne vivait que dans le présent (cf. *Hommage et Famine*, note 2, p. 79).
2. *communion* : le terme est péjoratif ; la vie en groupe ou en famille n'est qu'une *« harmonie agglomérée »* (in *La Luxure*) où l'on *languit*.
3. *Buoux* : dans le Luberon, le site étrange et grandiose du Fort-de-Buoux, très ancien village abandonné, est *creusé* d'habitations de pierres sèches qui sont en partie troglodytes ; ce village occupe un plateau allongé qui a la forme d'une *barque* dont les flancs sont des falaises creusées par des canyons ; le grand axe est prolongé par une énorme lame verticale de calcaire qui a la forme d'un *gouvernail*.
4. *Tels des mélèzes* [...] *conjurations* : au témoignage de Char, les *mélèzes* succombent souvent aux autres arbres et aux buissons de genêt, qui étouffent leur croissance – comme il arrive à bien des poètes.

*

C'était près. En pays heureux.
Élevant sa plainte au délice,
Je frottai le trait de ses hanches
Contre les ergots de tes branches[1],
Romarin, lande butinée.

*

De mon logis, pierre après pierre,
J'endure la démolition.
Seul sut l'exacte dimension
Le dévot, d'un soir, de la mort.

L'hiver se plaisait en Provence
Sous le regard gris des Vaudois[2] ;
Le bûcher a fondu la neige,
L'eau glissa bouillante au torrent.

Avec un astre de misère,
Le sang à sécher est trop lent.
Massif de mes deuils, tu gouvernes :
Je n'ai jamais rêvé de toi[3].

Retour amont (1965),
in *Le Nu perdu*.

---

1. *Contre les ergots de tes branches* : c'est l'innocent « sadomasochisme » de l'éros, ces *« eaux cousues de vieux crimes »* (comme un habit cousu d'or, brodé d'or) dont parle *Médaillon* (cf. p. 18). Par un dessin au *trait* (comme disent les graveurs), le poète fait ressortir la courbe séduisante des hanches.
2. *Vaudois* : les hérétiques vaudois ont été nombreux dans les villages isolés du petit massif du Luberon. La région fut investie par la troupe en 1545, et les hérétiques moururent sur le *bûcher*. Ce souvenir historique est évidemment ravivé, chez Char, par celui des atrocités de la Seconde Guerre mondiale.
3. *Je n'ai jamais rêvé de toi* : Char s'était fait une théorie personnelle du rêve, dont nous ignorons le détail ; il semble, d'après ces vers, que, malgré Freud, il estimait que nous ne rêvons jamais des puissances inconscientes qui nous *gouvernent* à notre insu.

Questions

On vient de lire quelques pages très différentes : naturel gracieusement éperdu et simplicité du sentiment dans La Chambre dans l'espace ; *extrême complexité d'*Effacement du peuplier, *pièce célèbre dès sa parution, mais où la dernière strophe, confuse et trop pleine, ne parvient plus à maîtriser la matière ; nudité désarmée du regret et de l'aveu dans* Se réchauffer l'ardeur...

Compréhension

1. *Puisque* Allégeance *a délibérément deux sens, quel est le sens où tous les mots portent ? Quels sentiments le créateur éprouve-t-il pour ses œuvres ?*

2. *Dans* Se réchauffer l'ardeur *(titre qui contrebalance le désespoir qu'exprime le poème), en quoi la terre peut-elle être qualifiée d'*« enfantine » *? Dans la même pièce, observez le jeu des couleurs* (« rougeur », « vertes eaux », « palette étroite ») *: que suggère la rougeur des montagnes ?*

3. *Dans* Sept Parcelles de Luberon *(c'est un petit massif montagneux, non loin de Fontaine de Vaucluse, dans un paysage admirable qui est aussi celui d'Évadné), comment comprenez-vous les vers :* « Seul sut l'exacte dimension / Le dévot, d'un soir, de la mort » *?*

4. *Dans le même poème, on discerne aisément que, strophe après strophe, les différents traits du paysage que Char a relevés servent de miroirs à ses divers sentiments. Quels sentiments ? Le rapport entre le paysage et lui est souvent naturel, mais sent parfois le procédé : où ?*

5. Sept Parcelles, *pièce en quatrains assonancés, était, aux yeux de son auteur, une chanson ou un* « poème à dire », *genre qui souffrait quelque négligence d'écriture et qui était aux antipodes du genre « minutieux » que nous allons retrouver avec* Le Requin et la Mouette. *C'est accroître sa délectation d'amateur de poésie que d'être sensible à ces différences : pouvez-vous les caractériser en quelques mots ?*

6. *Dans* Effacement du peuplier, *le sens général du poème est donné par les mots de* « foudre », « vigie » *et* « source salie » *; quel est ce sens général ? Sachez que la foudre est l'image d'une soudaine intuition, toujours véridique et que Char aimait croire venue du surnaturel.*

L'INVITÉE DE MONTGUERS

Pression des chances sur les blés[1].
La neige ne fond pas gaiement,
Évasive enfant descendue de l'air,
Lorsque les nuages cantonnent[2].

Qu'une vitre[3] héberge son souffle
Comme le veulent les amants !

Ah ! que nette est leur aventure
Qui passe pour durer mille ans
Mais peut se conter sans mémoire
À l'aube riante du sang.
Il n'est que d'aimer pour le croire.

Sous un musical soleil gris,
Te lançons un caillou, salut !
Torrent, le plus jouisseur[4] des ruisseaux.

Sève et froidure emblavent[5] un avril :
Renaître à l'espoir, fièvre impénitente.

LES VOISINAGES DE VAN GOGH (1985).

---

1. *Pression des chances sur les blés* : la neige est une chance pour les semences, qui ont besoin d'eau ; une indifférence glacée pour toutes choses a des chances d'être un prochain désir qui germera à la fonte des neiges. Par une fiction poétique, la saison de l'année (hiver neigeux) et la saison de l'âme (période d'indifférence) coïncident dans le temps.
2. *les nuages cantonnent* : mais, cette fois, des nuages occupent le ciel et ne s'en vont pas ; l'humeur reste maussade, et la fonte des neiges n'a pas la gaieté d'un renouveau.
3. *Qu'une vitre* : alors les amants, pour oublier, s'enferment dans la chambre d'une maison (réelle et *aussi* mentale) bien close ; contre leur vitre, ils appellent la neige amie, au froid souffle protecteur. Elle est leur *invitée* à Montguers (nom de lieu inconnu du lecteur et, donc, nom d'un petit village).
4. *le plus jouisseur* : au passage, un salut au plaisir sensuel d'un instant, symptôme d'une vitalité intacte. (Le torrent existe réellement, bien entendu, et nous le retrouverons dans le poème suivant.)
5. *emblavent* : ensemencent.

UNE ÉNIGME ÉCLAIRCIE, QUELQUES TOUCHES D'AMOUR

J'ai le souvenir de Buisson[1], de Visan[1], aussi de Riche-
[renches[1],
Où les odeurs de soupe s'enfermaient dans les chambres
Silencieuses comme les semelles d'un maçon vieilli sans
[paradis.
J'ai le souvenir d'horizons sans sommeil[2] autour de ces
villages ; la première neige les montrait droits[3] tels des
[accusés qu'effraie leur innocence.

Mais le languir soudain réclame le grand large ;
Le rapace rejoint sa femelle en plein vol ;
Les univers anciens remettent à d'autres, aveugles[4], leurs
[soleils.
Une jeune Romaine révèle sa présence et se retourne sur
[la ville dont la ceinture garde des traces d'amour[5].

Toulourenc ! Toulourenc ! que j'ignorais[6] si proche,
Nul faux bourdon dans les rimes de tes eaux,

---

1. *Buisson, Visan, Richerenches* : dans ces riches villages vauclusiens, il y a de vieilles rues à l'abandon, dont les maisons sentent le renfermé, les plâtras et une tristesse sans écho. Les semelles d'un maçon laissent des empreintes de plâtre.

2. *horizons sans sommeil* : l'âpreté des collines de la Drôme voisine ne s'endort pas en un sommeil heureux.

3. *la première neige les montrait droits* : skieurs et alpinistes savent que, vue de face, toute pente neigeuse lointaine semble verticale.

4. *aveugles* : l'avenir est aveugle.

5. *Une jeune Romaine* [...] *traces d'amour* : c'est la ville de Vaison-la-Romaine, avec ses restes antiques et l'aimable ceinture d'arbres qui l'entoure encore en partie. Cette Romaine se retourne dans son sommeil : elle n'est donc pas morte depuis deux mille ans, mais seulement endormie, comme la Belle au bois dormant.

6. *que j'ignorais* : telle était l'énigme du titre : quel était le cours du Toulourenc (jolie petite rivière issue du mont Ventoux) ? Char, qui pratiquait la marche à pied plus que la lecture des cartes, s'était toujours demandé par où passait son cours.

Sinon le désir reconduit du Ventoux[1], t'évitant les terres
[hargneuses.

Les Voisinages de Van Gogh (1985).

Les Dentelles de Montmirail et, en arrière-plan, le mont Ventoux.

1. *le désir reconduit du Ventoux* : le Toulourenc suit fidèlement la base du Ventoux et reconduit ce pacte à chaque étape (comme on reconduit un contrat). Il est recommandé de faire comme lui et de s'attacher à un haut idéal, plutôt que de se perdre dans une plate quotidienneté qui est souvent *hargneuse*.

PYRÉNÉES

Montagne des grands abusés,
Au sommet de vos tours fiévreuses
Faiblit la dernière clarté.

Rien que le vide et l'avalanche,
La détresse et le regret!

Tous ces troubadours mal-aimés
Ont vu blanchir dans un été
Leur doux royaume pessimiste.

Ah! la neige est inexorable
Qui aime qu'on souffre à ses pieds,
Qui veut que l'on meure glacé
Quand on vécu dans les sables.

La Sieste blanche (1948),
in *Les Matinaux*.

PÉNOMBRE

J'étais dans une de ces forêts où le soleil n'a pas accès mais où, la nuit, les étoiles[1] pénètrent. Ce lieu n'avait le permis d'exister, que parce que l'inquisition des États l'avait négligé. Les servitudes[2] abandonnées me marquaient leur mépris. La hantise de punir[3] m'était retirée. Par endroit, le souvenir d'une force caressait la fugue paysanne de l'herbe. Je me gouvernais sans doctrine, avec une véhémence sereine. J'étais l'égal de choses dont le secret tenait sous le rayon d'une aile[4]. Pour la plupart, l'essentiel n'est jamais né, et ceux qui le possèdent ne peuvent l'échanger sans se nuire. Nul ne consent à perdre ce qu'il a conquis à la pointe de sa peine ! Autrement ce serait la jeunesse et la grâce, source et delta auraient la même pureté.

J'étais dans une de ces forêts où le soleil n'a pas accès mais où, la nuit, les étoiles pénètrent pour d'implacables hostilités.

Les Loyaux Adversaires (1945),
in *Fureur et Mystère*.

---

1. *les étoiles* : les étoiles de l'idéal, celles qui, sur la rivière de la vocation, *« ont cette ombre qu'elles refusent à la mer »* des foules humaines (in *La Sorgue*, p. 70, v. 17).
2. *Les servitudes* : on appelle *servitude* un sentier sur lequel chacun passe en vertu d'un usage immémorial ; ici, le mot désigne les carrières et métiers que suivent la plupart des hommes, et l'esclavage ou *servitude* qu'est cette manière régulière et traditionnelle de vivre.
3. *La hantise de punir* : *punir* un poème, c'est le corriger, c'est faire œuvre d'écrivain ; mais la vie spirituelle, l'adoration de l'idéal, valent encore mieux que le métier de poète (cf. *Hommage et Famine*, n. 2, p. 79). Quand on punit un poème, on est mécontent de lui, mécontent de la poésie tout entière ; la Sorgue est une *« rivière souvent punie »* (in *La Sorgue*, p. 69, v. 7).
4. *le rayon d'une aile* : le bref *éclair* d'un bel oiseau qui traverse l'esprit (in *L'Extravagant*, p. 75, l. 31).

LE REQUIN ET LA MOUETTE

Je vois enfin la mer dans sa triple[1] harmonie, la mer qui tranche de son croissant[2] la dynastie des douleurs absurdes[3], la grande volière sauvage, la mer crédule comme un liseron.
Quand je dis : *j'ai levé la loi, j'ai franchi la morale, j'ai maillé le cœur*[4], ce n'est pas pour me donner raison devant ce pèse-néant dont la rumeur étend sa palme au delà de ma persuasion[5]. Mais rien de ce qui m'a vu vivre et agir jusqu'ici n'est témoin alentour. Mon épaule peut bien sommeiller, ma jeunesse accourir[6]. C'est de cela seul qu'il faut tirer richesse immédiate et opérante. Ainsi, il y a un jour de pur dans l'année[7], un jour qui creuse sa galerie merveilleuse[8] dans l'écume de la mer,

---

1. *triple* : le poète, pour qui la mer avait toujours été une immense platitude superficielle, en découvre *enfin* la *troisième* dimension, la profondeur.
2. *son croissant* : le *croissant* d'une baie.
3. *douleurs absurdes* : les *douleurs* d'une réalité insatisfaisante, d'un idéal lointain et des affres de l'écriture. En ce jour, le poète les trouve *absurdes*.
4. *Quand je dis* : j'ai levé la loi, [...] j'ai maillé le cœur : en poésie, où l'on cherche le Beau, on est étranger au Bien ; un poème ne devient pas laid si son auteur commet un crime ; pas plus qu'un théorème ne devient faux si le mathématicien qui l'a découvert se conduit mal. En poésie, donc, « *l'action de la justice est éteinte* » (c'est le titre d'un recueil de jeunesse). Le cœur du poète est *maillé*, c'est-à-dire « *lacé à la voile* » de la poésie ; c'est au vent de la Beauté qu'il confie son navire. On verra plus loin qu'un autre navire est confié à l'espérance.
5. *dont la rumeur* [...] *persuasion* : dont la vaine rumeur demeure étrangère à mes convictions de poète.
6. *Mon épaule* [...] *accourir* : En ce jour, je ne me sens plus vivre sous les yeux de la Beauté ; ma plume peut *sommeiller*, et « *ma jeunesse* » (où je ne songeais nullement à écrire) peut revenir.
7. *Ainsi,* [...] *dans l'année* : Ce matin, il n'est plus vrai que « *j'habite une douleur* » (cf., p. 94, le poème ainsi intitulé), si bien qu'il peut y avoir par exception un *jour* qui soit *pur*, alors qu'il ne peut y avoir de *siège* permanent qui soit *pur* (voir la fin du poème susdit).
8. *galerie merveilleuse* : sous les rayons du soleil levant, un tapis de lumière traverse la mer.

un jour qui monte aux yeux pour couronner midi. Hier la noblesse était déserte, le rameau était distant de ses bourgeons. Le requin et la mouette ne communiquaient pas[1].
Ô Vous, arc-en-ciel[2] de ce rivage polisseur, approchez le navire de son espérance[3]. Faites que toute fin supposée soit une neuve innocence[4], un fiévreux en-avant pour ceux qui trébuchent[5] dans la matinale lourdeur.

LE POÈME PULVÉRISÉ (1945-1947),
in *FUREUR ET MYSTÈRE.*

---

1. *Le requin et la mouette ne communiquaient pas* : Hier, la Beauté *désertait*, comme toujours, mon aspiration à l'idéal; mon arbre ne portait que des feuilles, et non les germes d'une œuvre future. Les oiseaux qui traversaient mon esprit (cf. *L'Extravagant*, p. 74), ces éclairs d'inspiration (cf. *Pénombre*, p. 115), n'entraient pas en relation avec ma faim d'écrire. Un dessin célèbre de Matisse, très antérieur à ce poème, représente un requin et une mouette ; Char a toujours juré ses grands diables (*sic*) qu'il ignorait tout de ce dessin et considérait cette rencontre avec Matisse comme due à l'intervention, en notre réalité, d'une magie surnaturelle à laquelle, comme André Breton, il croyait.
2. *Ô Vous, arc-en-ciel* : les vagues qui se brisent sur le rivage et l'ont poli polissent et *allégissent* (in *Jacquemard et Julia*, p. 30, l. 11) aussi la douleur de vivre. Et la mer est anoblie d'une majuscule *(Vous)*, car, en ce jour exceptionnel, le poète la comprend mieux : elle est bonne pour les autres hommes, ceux qui ignorent la Douleur et pour qui *« l'essentiel n'est jamais né »* (in *Pénombre*, p. 115, l. 10). Car ils n'ignorent pas l'espérance, ils ont des désirs fort concrets et ils y croient ; c'est pour eux que la mer déploie l'arc-en-ciel de ses couleurs sous le soleil levant, ces *« couleurs aromatiques »* (in *L'Extravagant*, p. 75, l. 33) où, hier encore, le poète ne voyait que le symbole de l'illusoire richesse de ce bas monde.
3. *le navire de son espérance* : cet autre navire est celui des hommes de ce bas monde ; puisse la mer les faire arriver au terme de leurs espoirs.
4. *neuve innocence* : la noblesse des hommes de ce bas monde sera de ne jamais se satisfaire d'un but atteint et de se retrouver neufs et vierges, prêts pour un autre espoir, comme les enfants de *Jacquemard et Julia*, comme les révolutionnaires de 1789, comme les Résistants.
5. *un fiévreux en-avant pour ceux qui trébuchent* : tandis que ce matin est une paix triomphale pour le poète qui n'espère et ne désire rien, c'est, pour les hommes de l'espérance, le lourd commencement d'une journée d'efforts.

CONDUITE

Passe.
La bêche sidérale
autrefois là s'est engouffrée.
Ce soir un village d'oiseaux
très haut exulte et passe[1].

Écoute aux tempes rocheuses
des présences dispersées
le mot qui fera ton sommeil
chaud comme un arbre de septembre[2].

Vois bouger l'entrelacement
des certitudes arrivées
près de nous à leur quintessence,
ô ma Fourche[3], ma Soif anxieuse !

La rigueur de vivre se rode
sans cesse à convoiter l'exil.
Par une fine pluie d'amande[4],
mêlée de liberté docile,

1. *très haut exulte et passe* : sous le ciel étoilé, le sentiment de participer au cosmos et à ses événements rend légère la mélancolie du temps qui passe.
2. *le mot* [...] *de septembre* : ce *mot* dit que l'homme n'est pas un roseau perdu dans un univers muet ; il y a de l'écho dans la nature, quelque *dispersée* (chaotique, peu concentrée ni intuitive) qu'elle soit.
3. *Ô ma Fourche* : la fourche est avide de soulever et d'engranger les gerbes d'une moisson poétique. Or l'évolution naturelle tend d'elle-même à se perfectionner et à aboutir à ce cinquième élément immatériel qu'est l'œuvre d'art.
4. *une fine pluie d'amande* : une pluie d'inspiration poétique fine et parfaite.

ta gardienne alchimie s'est produite[1],
ô Bien-aimée !

Seuls demeurent (1938-1944),
in *Fureur et Mystère*.

1. *ta gardienne alchimie s'est produite* : l'alchimie poétique a produit... le poème même qu'on vient de lire. C'est la preuve qu'à force de se ronger d'hostilité contre ce bas monde horrible, et de souhaiter d'être délivré de tout devoir envers lui (tel était le sens que Char donnait au mot d'*exil*), on finit par faire se préciser une vocation de créateur, ce qui donne à l'existence un sens rigoureux. – Il nous semble que *« ta gardienne alchimie »* signifie *« l'alchimie qui te garde »*, et non *« l'alchimie par laquelle tu* [nous] *gardes »*. Char estimait que la vraie beauté ne se trouve guère dans la nature, mais seulement dans les œuvres humaines (cf. « Aux miens », in *Neuf merci pour Vieira Da Silva*, VIII, in *La bibliothèque est en feu et autres poèmes*, in *La Parole en archipel*) ; l'amour du beau ne reste sensible au cœur que dans le contact de l'auteur ou du lecteur avec la création artistique.

Questions

L'Invitée de Montguers *est un poème d'humeurs, et les humeurs sont « enfantines », car « évasives » : elles ne savent pas ce qu'elles veulent ; ce sont les saisons de notre climat intérieur ; Char y était hypersensible. Le poème est aussi l'évocation d'un voyage et d'une de ces brèves idylles qui furent l'idéal du poète ; du moins en théorie...*
Une énigme éclaircie *est le récit d'un autre voyage dont le poète nous avait longuement parlé (d'où les notes) ; Char estimait que ce poème était très différent de sa manière habituelle.* Pyrénées *et* Pénombre *évoquent moins le climat intérieur que le fond permanent de la vie intérieure de Char ;* Le Requin et la Mouette *dit ce que fut en cette vie l'oasis d'un jour ; cette page célèbre est, dans son œuvre, ce qu'est* Le Cimetière marin *dans celle de Valéry.*

Compréhension

1. *En recourant aux poèmes déjà lus, pouvez-vous préciser ce que représente la nature pour Char ? La flore et la faune, les paysages, vastes ou non ? Les beautés naturelles ? Les paysages intérieurs ?*

2. *À eux seuls,* Pyrénées, Pénombre *et* Le Requin et la Mouette *suffisent à décrire la vision du monde que Char s'était faite. Comment la résumeriez-vous ?*

Écriture

3. *Dans* Conduite, *le poète a une autre attitude encore envers la nature, ou plutôt l'évolution naturelle qui la soulève ; ce petit poème est d'une rare densité. Mais, en supposant connu son « contenu » de pensée, pourriez-vous dire en quelques mots ou adjectifs ce qui fait la beauté de ce poème, à supposer que vous l'aimiez, comme vous diriez en quelques mots pourquoi vous aimez un morceau de musique (classique ou non classique, il n'importe) ?*

LE THOR

Dans le sentier aux herbes engourdies où nous nous étonnions, enfants, que la nuit se risquât à passer, les guêpes n'allaient plus aux ronces et les oiseaux aux branches. L'air ouvrait aux hôtes de la matinée sa turbulente immensité. Ce n'étaient que filaments d'ailes, tentation de crier, voltige entre lumière et transparence. Le Thor s'exaltait sur la lyre de ses pierres[1]. Le mont Ventoux, miroir des aigles, était en vue[2].
Dans le sentier aux herbes engourdies, la chimère d'un âge perdu[3] souriait à nos jeunes larmes.

LES LOYAUX ADVERSAIRES (1945),
in *FUREUR ET MYSTÈRE*.

---

1. *Le Thor* [...] *ses pierres* : l'enfant *se risque* sur le *sentier* qui mène de sa bourgade natale au village voisin du Thor, que surmonte une belle église romane (cf. photographie ci-contre). Les monuments, que la plupart des adultes ne voient plus que distraitement, marquent les imaginations enfantines.
2. *Le mont Ventoux* [...] *en vue* : sommet isolé, cette montagne domine la région natale du poète. Une montagne à l'horizon marque à jamais les imaginations ; la vie intérieure du vieux Cézanne restait dominée par la montagne Sainte-Victoire, qui s'élève à l'horizon d'Aix, sa ville natale.
3. *âge perdu* : cet *« âge perdu »* est celui où les enfants préféraient la magie et l'indulgence de la nuit à l'expansion des aurores (cf. *Jacquemard et Julia*, p. 29).

JOUVENCE DES NÉVONS[1]

Dans l'enceinte du parc, le grillon ne se tait que pour s'établir davantage.

Dans le parc des Névons
Ceinturé de prairies,
Un ruisseau sans talus,
Un enfant sans ami
Nuancent leur tristesse
Et vivent mieux ainsi.

Dans le parc des Névons
Un rebelle[2] s'est joint
Au ruisseau, à l'enfant,
À leur mirage[2] enfin.

Dans le parc des Névons
Mortel serait l'été
Sans la voix d'un grillon[3]
Qui, par instant, se tait.

LA SIESTE BLANCHE (1948),
in LES MATINAUX.

---

1. *Les Névons* (comme nous l'avons vu avec *Le Deuil des Névons*, p. 86) désignent la vaste propriété familiale, située à L'Isle-sur-Sorgue, où René Char naquit et passa son enfance : nous en reproduisons une photographie, p. 135.
2. *Un rebelle* [...] *leur mirage* : le *rebelle* se révoltait contre l'autorité de sa mère et de son frère aîné ; le *mirage* est le monde de l'herbe auquel croient Jacquemard et Julia (qui, eux aussi, sont appelés à devenir des rebelles).
3. *grillon* : le *grillon*, ce chanteur débutant, est celui d'*Hommage et Famine* (cf. p. 79).

DANSONS AUX BARONNIES

En robe d'olivier
l'Amoureuse[1]
avait dit :
Croyez à ma très enfantine fidélité.
Et depuis,
une vallée ouverte
une côte qui brille
un sentier d'alliance[2]
ont envahi la ville[3]
où la libre douleur[4] est sous le vif de l'eau.

Retour amont (1965),
in *Le Nu perdu.*

---

1. *l'Amoureuse* : on devine qu'en une bourgade des Baronnies (Drôme) le garçonnet René Char a fait au bal la connaissance d'une fillette en robe verte. Mais qui est plus qu'une humaine, car son nom s'écrit avec une majuscule...
2. *un sentier d'alliance* : sentier de l'Alliance d'une divinité avec les siens, sentier des noces du poète et de la Beauté, sentier par où la rêverie s'évade en secret vers des adorations brûlantes... «*Le chemin du secret danse à la chaleur*» (in *Feuillets d'Hypnos*). Le poète allemand Novalis (1772-1801) écrit : «*Le chemin mystérieux mène vers l'intérieur.*»
3. *ont envahi la ville* : c'est bien le paysage de Buis-les-Baronnies (la vallée flanquée d'une côte où brillent les oliviers, la rivière), mais rendu fantastique (il vient d'*envahir la ville*) parce qu'il est symbolique : la vallée ouverte sur l'avenir, la haute côte (défi, puis exaltation) où brille un idéal, le sentier de l'alliance nuptiale, la vive rivière d'une vocation sur fond de douleur de vivre ici-bas. En rencontrant la féminité, les pensées du garçonnet, sa *ville* mentale (cf. *Le Loriot*), ont été envahies d'une vocation et d'une dévotion neuves.
4. *où la libre douleur* : la *douleur* qui désespère d'ici-bas est *libre* : loin d'être déterminée par ce qui est, elle aspire à ce qui n'est pas, à un idéal. Elle ne vénère pas servilement ce bas monde d'illusions.

DÉCLARER SON NOM[1]

J'avais dix ans. La Sorgue m'enchâssait. Le soleil chantait les heures sur le sage cadran des eaux. L'insouciance[2] et la douleur avaient scellé le coq de fer[3] sur le toit des maisons et se supportaient ensemble. Mais quelle roue[4] dans le cœur de l'enfant aux aguets tournait plus fort, tournait plus vite que celle du moulin dans son incendie blanc ?

Au-dessus du vent (1959),
in *La Parole en archipel.*

---

1. *Déclarer son nom* : *« Mais cela veut dire tout simplement décliner son identité ! »* (Char). C'est l'autographe de ce poème qui est reproduit en couverture du présent ouvrage.
2. *L'insouciance* : sur cette *insouciance* juvénile, voir *Hommage et Famine*, p. 79, note 2 ; *Le Requin et la Mouette*, p. 116, note 6.
3. *le coq de fer* : la girouette ; les humeurs du garçonnet ne virent plus (*« avaient scellé »*) à tout vent.
4. *Mais quelle roue* : quelle roue, en effet ? Ce n'est pas une interrogation rhétorique : pour Char lui-même, il y a là une énigme psychologique. Tourment d'ambition ? Désir de s'immortaliser par une œuvre littéraire ? Mais Char n'évoque jamais ce thème vieillot. Tous ses textes et tout ce qu'on a pu voir et entendre de lui prouvent que la roue est celle d'une angoisse de la mort qui avait débuté dès son enfance. Il n'oubliait momentanément cette angoisse que devant sa table de travail ; puis, dès qu'un poème était achevé, il la perdait (cf. *Allégeance*, p. 102), et l'angoisse revenait : tout était à recommencer. Pour le moment, l'enfant est insoucieux de s'absorber dans la création pour oublier la mort : mais la roue de l'angoisse de mourir tourne déjà en lui.

SUZERAIN

Nous commençons toujours notre vie sur un crépuscule[1] admirable. Tout ce qui nous aidera, plus tard, à nous dégager de nos déconvenues s'assemble autour de nos premiers pas.

La conduite des hommes de mon enfance[2] avait l'apparence d'un sourire du ciel adressé à la charité terrestre. On y saluait le mal comme une incartade du soir. Le passage d'un météore attendrissait. Je me rends compte que l'enfant que je fus, prompt à s'éprendre comme à se blesser, a eu beaucoup de chance. J'ai marché sur le miroir d'une rivière pleine d'anneaux de couleuvre et de danses de papillons. J'ai joué dans des vergers dont la robuste vieillesse donnait des fruits. Je me suis tapi dans des roseaux, sous la garde d'êtres forts comme des chênes et sensibles comme des oiseaux.

Ce monde net est mort sans laisser de charnier. Il n'est plus resté que souches calcinées, surfaces errantes, informe pugilat et l'eau bleue d'un puits minuscule veillée par cet Ami silencieux[3].

La connaissance eut tôt fait de grandir entre nous. *Ceci n'est plus*, avais-je coutume de dire. *Ceci n'est pas*, corri-

---

1. *Nous commençons* [...] *crépuscule* : il va s'agir, non de la réalité et de la *« sombre enfance »* (in *Dépendance de l'adieu*, p. 130, v. 2) de René Char, mais de ses rêveries du soir, comme dans *Jacquemard et Julia*. En fait, l'enfant est très seul et *« se tapit »*.

2. *La conduite des hommes de mon enfance* : *tous* les personnages qu'on va voir sont plus rêvés (ou lus, dans le cas de Sade) que réels ; mais ils ressemblent à des hommes réels, à des marginaux qui vivotaient à L'Isle et que Char appelle les *Transparents*, ou à de pauvres journaliers comme Louis Curel qu'il anoblira dans un grand poème de guerre (cf. p. 63).

3. *cet Ami silencieux* : il va sans dire que cet Ami qui veille sur le puits, encore minuscule, de la Parole n'est autre que le garçonnet lui-même. Mais c'est aussi, au témoignage de Char, *« la silhouette »* d'un vieil homme surnommé l'Armurier, ancien communard de 1871, dont Char, soixante ans plus tard, parlera encore avec ferveur et vénération ; l'Armurier lui avait enseigné, entre autres choses, la carte du ciel et le nom des constellations.

geait-il. *Pas* et *plus* étaient disjoints. Il m'offrait, à la gueule d'un serpent qui souriait, mon impossible que je pénétrais sans souffrir. D'où venait cet Ami ? Sans doute, du moins sombre, du moins ouvrier des soleils[1]. Son énergie que je jugeais grande éclatait en fougères patientes, humidité pour mon espoir. Ce dernier, en vérité, n'était qu'une neige de l'existence, l'affinité du renouveau. Un butin s'amoncelait, dessinant le littoral cruel[2] que j'aurais un jour à parcourir. Le cœur de mon Ami m'entrait dans le cœur comme un trident, cœur souverain égaillé dans des conquêtes bientôt réduites en cendres, pour marquer combien la tentation se déprime[3] chez qui s'établit, se rend. Nos confidences ne construiraient pas d'église ; le mutisme[4] reconduisait tous nos pouvoirs.

Il m'apprit à voler au-dessus de la nuit des mots, loin de l'hébétude des navires à l'ancre. Ce n'est pas le glacier qui nous importe mais ce qui le fait possible indéfiniment, sa solitaire vraisemblance[5]. Je nouai avec des haines enthousiastes que j'aidai à vaincre puis quittai. (Il suffit de fermer les yeux pour ne plus être reconnu.) Je retirai aux choses l'illusion qu'elles produisent pour se

---

1. *Sans doute* [...] *des soleils* : d'un monde réel (celui où les mots ont leur sens propre), mais verbal et peu susceptible de procurer un métier.
2. *dessinant le littoral cruel* : la mer immense des incidents quotidiens dépose sur le *littoral* de la conscience un *butin* d'idées poétiques et de trouvailles verbales qu'il faudra un jour transformer, péniblement, en poèmes (cf. « Le Devoir », in *Seuls demeurent*, in *Fureur et Mystère*).
3. *la tentation se déprime* : Char aime renverser les valeurs conventionnelles : *tentation* est laudatif ici, c'est un louable désir justifié, mais qui risque de *se déprimer*, de s'abaisser, au niveau d'une routine.
4. *le mutisme* : l'enfant reste très secret, fermé à son entourage ; il n'évente pas ses rêveries en confidences, il ne dilapide pas son trésor.
5. *Ce n'est pas le glacier* [...] *vraisemblance* : pour la plupart des gens, les mots restent *ancrés* dans leur sens propre : un *glacier* est un glacier, voilà tout. Pour l'enfant, un glacier est beaucoup plus qu'un glacier : c'est tout ce que la métaphore et le symbolisme peuvent dire et faire croire d'un géant *solitaire* et glacé. On a vu, de même, que la Sorgue était bien plus qu'une rivière et que le poème arrivait à nous faire trouver *vraisemblables* les choses les plus étranges qu'il en disait.

préserver de nous et leur laissai la part qu'elles nous concèdent. Je vis qu'il n'y aurait jamais de femme pour moi dans MA ville. La frénésie des cascades, symboliquement[1], acquitterait mon bon vouloir.

J'ai remonté ainsi l'âge de la solitude jusqu'à la demeure suivante de L'HOMME VIOLET[2]. Mais il ne disposait là que du morose état civil de ses prisons, de son expérience muette de persécuté, et nous n'avions, nous, que son signalement d'évadé[3].

LE POÈME PULVÉRISÉ (1945-1947),
in *FUREUR ET MYSTÈRE*.

« Pierre de Vaucluse, alias "Comte de Sault" (Transparent), mimant un poème devant des L'Islois. 1905 » *(légende de René Char).*

---

1. *symboliquement* : revient à dire *« à ma place »*. On peut comprendre : *« On ne trouvera guère en moi de constance, mais ma bonne volonté n'est pas jalouse et rabat-joie : on trouvera ailleurs mille occasions de gaietés bondissantes qui la remplaceront agréablement. »* C'est dit en termes galants.
2. *J'ai remonté* [...] *l'homme violet* : *remontant* le temps des souvenirs de l'enfance vers la jeunesse (ou le descendant, si l'on préfère), Char rencontre un nouvel avatar de l'Ami intérieur, qui est devenu Sade, *« l'homme violet »* (couleur de passion luxurieuse), dont la lecture a joué pour lui, lorsqu'il avait vingt ans, le même rôle que jouait Freud pour les autres surréalistes.
3. *Mais il ne disposait* [...] *d'évadé* : l'âge de l'autoéducation *solitaire* est fini : alors que l'Ami était Char lui-même en ses propres rêveries, Sade fut un être réel, et le message par lequel il s'est *signalé* est non moins extérieur : ce sont les écrits par lesquels le *prisonnier* de la Bastille, puis de Charenton, *s'évadait* en imagination.

DÉPENDANCE DE L'ADIEU[1]

À mon tour d'entrer en éruption
Tablier du forgeron ciel charnel de ma sombre enfance

Tandis que vous glissez sur la pente du ventre
Pour mieux vous perdre dans la gerbe[2]
Yeux vous êtes les éclaireurs médiums du néant
Grandeur en sommeil sur la plaie ouverte

Peau il a fallu fouiller votre riche sous-sol
Sans briser ton corps immigrant ô pesanteur ô favorite[3]

Sociables communicants
Nous sommes entrés dans l'écart
Limon secouru nuit guérie

Apprenti de la combustion
Sens palpiter l'oubli nouveau baisé[4]
(Fileront quelques hautes berges de sang fossile
Pour dominer nos jeunes mœurs)

---

1. *Dépendance de l'adieu* : le jeune Char dit *adieu* au monde laborieux des autres hommes ; mais sa capacité de rompre ainsi aura *dépendu* de l'énergie (du *sang*) qu'il avait puisée, enfant, dans les leçons (maintenant inscrites en lui, *fossilisées*) qu'il avait reçues des meilleurs de ces hommes, tels que le maréchal-ferrand de L'Isle-sur-Sorgue. Ce poème, dont les esquisses (inédites) remontent à l'avant-guerre, appartient à la première manière de Char ; nous reproduisons, en négligeant maint détail, cette page rude et difficile, mais généreuse et émouvante.
2. *Pour mieux vous perdre dans la gerbe* : les regards du forgeron glissent sur son ventre rebondi que protège un tablier de cuir et plongent dans l'aveuglante gerbe d'étincelles de son enclume.
3. *Sans briser* [...] *ô favorite* : un poète, au contraire, combat la pesanteur pour forger une œuvre immatérielle, inutilisable, sans poids, qui est grâce et non pesanteur (cf. *Allégeance,* p. 102, note 4).
4. *Apprenti* [...] *nouveau baisé* : le forgeron dit la grandeur de son métier au petit garçon qui le regarde avec admiration et voudrait un jour faire comme lui.

Patiente et tendre[1] équilibrée
Biens des peuples silencieux
Poussière tu m'émeus aux larmes.

DEHORS LA NUIT EST GOUVERNÉE (1937-1938).

René Char avec Garnodier, garde des eaux, à L'Isle-sur-Sorgue, août 1949.

1. *Patiente et tendre* : par son perpétuel renversement des valeurs traditionnelles, Char donne à *tendre* un sens péjoratif : « docilement soumis aux conventions généralement admises ».

LE BRUIT DE L'ALLUMETTE

J'ai été élevé parmi les feux de bois, au bord de braises qui ne finissaient pas cendres. Dans mon dos l'horizon tournant[1] d'une vitre safranée[2] réconciliait le plumet brun des roseaux avec le marais placide[3]. L'hiver favorisait mon sort. Les bûches tombaient sur cet ordre fragile maintenu en suspens par l'alliance de l'absurde et de l'amour[4]. Tantôt m'était soufflé au visage l'embrasement, tantôt une âcre fumée. Le héros malade[5] me souriait de son lit lorsqu'il ne tenait pas clos ses yeux pour souffrir. Auprès de lui, ai-je appris à rester silencieux ? À ne pas barrer la route à la chaleur grise[6] ? À confier le bois de mon cœur à la flamme qui le conduirait à des étincelles ignorées des enclaves de l'avenir[7] ? Les dates

---

1. *l'horizon tournant* : pour un enfant, c'est l'horizon lui-même qui *tourne* lorsqu'un spectateur se déplace.
2. *vitre safranée* : vitre jaunie, peu transparente, peu... lucide.
3. *le plumet brun des roseaux avec le marais placide* : les roseaux, ce sont les hommes ; or les hommes, disait Nietzsche, sont des malades, sont affaiblis : ces roseaux sont bruns et non verts ; Char parle ailleurs de la « *mauvaise santé des roseaux* ». Par un autre renversement des valeurs, *marais* est un terme laudatif : c'est déjà un progrès que de patauger sans souci dans un marécage où l'eau de poésie désagrège la prosaïque solidité de la terre des hommes.
4. *Les bûches* [...] *l'amour* : un monde familial est en général aussi absurde qu'aimant, aussi enfumé que chaleureux.
5. *Le héros malade* : ce héros est le père du poète, mort, après une longue maladie douloureuse qui le tint alité pendant des années, alors que le garçonnet avait onze ans. Char aimait et vénéra toujours son père, homme énergique, méditatif et bon ; mais (et c'est la clé de ce poème) Char savait aussi que ce monde laborieux ne devait pas être le sien et qu'il lui dirait adieu un jour.
6. *chaleur grise* : le monde de la solidarité humaine, de la fausse « *harmonie agglomérée* », est chaleureux, mais bien morne.
7. *enclaves de l'avenir* : le poète n'était pas fait pour ce monde-là ; s'il y était resté, son énergie se serait perdue en étincelles et n'aurait jamais flambé en brasier productif ; Char serait devenu un « raté » dont les faibles étincelles n'auraient pas suffi à lui tailler dans le cours du temps une *enclave* séparée où vivre à sa manière et conformément à sa vraie vocation.

sont effacées et je ne connais pas les convulsions du compromis[1].

Sept Saisis par l'hiver,
in *Chants de la Balandrane* (1975-1977).

René Char aux Busclats (sa maison de L'Isle-sur-Sorgue).

1. *Les dates* [...] *du compromis* : d'un geste, le poète *efface* ces questions embarrassantes ; non, il n'a pas appris à vivre comme aurait voulu son père, mais ce passé doit être tenu pour *effacé* ; de toute manière, il n'était pas homme à accepter de concilier des inconciliables en un compromis déchirant. Ce poème n'est donc rien de plus que *« le bruit de l'allumette »* qui enflammait jadis le foyer familial et les diverses énergies vitales de ses habitants ; et de l'autre allumette qui vient de rallumer ces vieux souvenirs.

Questions

La grâce aérienne et la complexité très réfléchie du Thor *ou de* Jouvence des Névons *se sentent et se devinent.* Dansons aux Baronnies *est en revanche d'un symbolisme presque codé, que sauve le charme de la scène enfantine et de chaque détail.* Suzerain *est un ample et beau poème chaleureux qui baigne dans une demi-clarté plus suggestive que codée, celle d'un très vieux passé.* Dépendance de l'adieu *a la raide puissance, tranchante et généreuse, des poèmes de jeunesse.* Le Bruit de l'allumette, *qui date des dernières années du poète, combine virtuosité et sincérité rétrospective : ornementation par l'allégorie et simplicité humaine en même temps.*

Si l'on peut dire d'un poète que c'est un homme qui a su conserver une part de son âme d'enfant, c'est bien de Char, qui en était très conscient. Pour un enfant, les choses sont plus que ce qu'elles sont, et tout est symbole pour lui, tout est poésie. Il est aisé de montrer que les paysages du Thor *et de* Jouvence des Névons *sont poétiques parce qu'ils sont vus comme l'enfant les voyait.*

Compréhension

1. *Dans* Le Thor, *à quelle heure se passe la scène ? Pourquoi les enfants pleurent-ils ? Que font voir les mots de* « filaments d'ailes », *de* « voltige entre lumière et transparence » *?*

2. *Dans* Dépendance de l'adieu, *le noble vers qu'est* « grandeur en sommeil sur la plaie ouverte » *dit beaucoup de choses : comment le comprenez-vous ?*

3. Suzerain *doit son charme à un léger décalage ; cette page est autobiographique et n'a rien d'une fiction, mais ce n'est pas non plus un récit réaliste. De quoi est fait ce décalage (dans les personnages, dans les mots...) ?*

4. *Dans* Suzerain, *comment expliqueriez-vous que l'enfant se tapisse dans les roseaux ? Les êtres humains, on le sait depuis Pascal, sont des roseaux...*

COMMUNE PRÉSENCE

II[1]

Tu es pressé d'écrire
Comme si tu étais en retard sur la vie
S'il en est ainsi fais cortège à tes sources
Hâte-toi
Hâte-toi de transmettre
Ta part de merveilleux de rébellion de bienfaisance
Effectivement tu es en retard sur la vie
La vie inexprimable
La seule en fin de compte à laquelle tu acceptes de t'unir
Celle qui t'est refusée chaque jour par les êtres et par les [choses
Dont tu obtiens péniblement de-ci de-là quelques [fragments décharnés
Au bout de combats sans merci
Hors d'elle tout n'est qu'agonie soumise fin grossière
Si tu rencontres la mort durant ton labeur
Reçois-la comme la nuque en sueur trouve bon le mou- [choir aride
En t'inclinant
Si tu veux rire
Offre ta soumission
Jamais tes armes[2]
Tu as été créé pour des moments peu communs
Modifie-toi, disparais sans regret
Au gré de la rigueur suave
Quartier suivant quartier la liquidation du monde se [poursuit
Sans interruption
Sans égarement

Essaime la poussière

---

1. Nous ne reproduisons ici que la seconde des deux parties numérotées de ce poème.
2. *Si tu veux rire* [...] *tes armes* : interprétation rétrospective de l'adhésion de Char au surréalisme et à son «pape» Breton, en 1931 ; l'autographe est daté de 1937.

Nul ne décèlera votre union[1].

MOULIN PREMIER (1935-1936),
in LE MARTEAU SANS MAÎTRE.

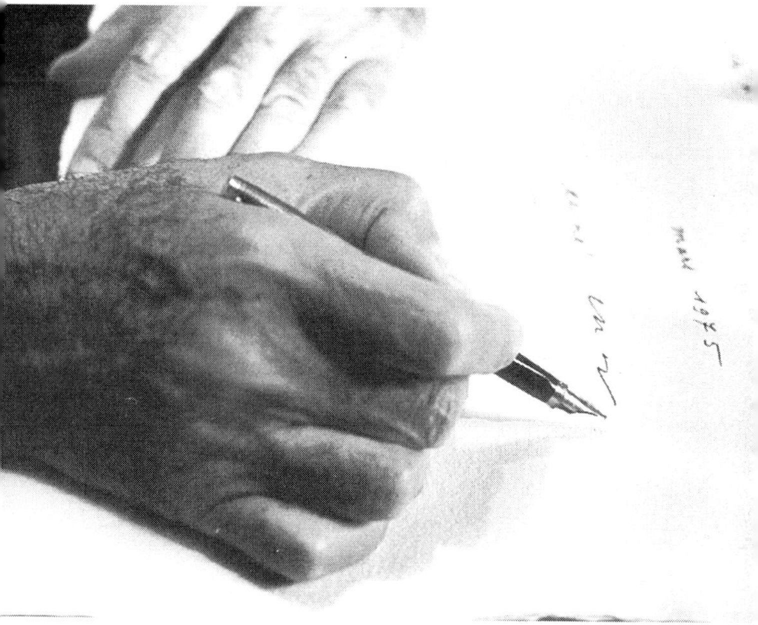

René Char à sa table de travail (1975).

1. *Essaime* [...] *votre union* : *« Essaime, c'est : propage, lance pour inséminer »* (Char) ; la poésie rend féconde la poussière du néant terrestre qui devient sujet de poèmes. L'union amoureuse de l'écrivain et de la Beauté dans le poème, leurs « noces », rendent présents un poète en l'écrivain et la Beauté dans le poème ; *« commune présence »*, donc. Mais, aux yeux des lecteurs, le poème éclipse, tue, derrière l'œuvre, la personne de l'écrivain et ses noces avec la Beauté.

CHANSON DU VELOURS À CÔTES

Le jour disait : « Tout ce qui peine m'accompagne, s'attache à moi, se veut heureux[1]. Témoins de ma comédie, retenez mon pied joyeux. J'appréhende midi[2] et sa flèche méritée. Il n'est de grâce à quérir pour prévaloir à ses yeux. Si ma disparition sonne votre élargissement, les eaux froides de l'été ne me recevront que mieux. »

La nuit disait : « Ceux qui m'offensent[3] meurent jeunes. Comment ne pas les aimer ? Prairie de tous mes instants, ils ne peuvent me fouler. Leur voyage est mon voyage et je reste obscurité. »

Il était entre les deux un mal qui les déchirait. Le vent allait de l'un à l'autre ; le vent ou rien, les pans de la rude étoffe et l'avalanche des montagnes[4], ou rien.

LE POÈME PULVÉRISÉ (1947),
in *FUREUR ET MYSTÈRE.*

---

1. *Le jour disait* [...] *se veut heureux* : *Le Requin et la Mouette* opposait les hommes qui éprouvent la douleur de vivre et les hommes qui poursuivent leurs espérances ; *Pénombre* opposait ceux pour qui l'essentiel est né et ceux pour qui cela ne signifie rien. Ce qui devient ici l'opposition entre le Jour (où l'on travaille, mais en n'aspirant qu'au rafraîchissement qu'est la cessation du travail) et la Nuit, qui reste inaccessible, pour le malheur de ceux qui l'aiment.
2. *J'appréhende midi* : le Jour est un monde éphémère où tout est promis au déclin (dès midi, le soleil décline) et à la mort.
3. *Ceux qui m'offensent* : quelque bizarre que cela paraisse, *offenser* équivaut ici à *aimer*. C'est un mot du vocabulaire du libertinage. Ceux qui aiment la Nuit essaient de *mordre* (in *Gravité*, p. 139, v. 14) sur elle, de faire effraction sur son corps ; le travail d'écriture est assimilé ici à une séance d'amour sadique. En vain : l'amant ne peut jamais épuiser l'infinité de la Nuit, et le poète, à chaque tentative, meurt de nouveau en lui.
4. *Le vent* [...] *des montagnes* : les hommes du Jour et ceux de la Nuit parviennent rarement à se comprendre. Certaines choses arrivent – ou n'arrivent pas – à les mettre en communication : le vent de l'imagination ou du caprice, le vêtement de rude étoffe du poète (cet habit, ce sont ses poèmes, qui lui réchauffent le cœur tout en dissimulant sa vraie personnalité aux regards) ou encore une explosion qui fracasse et féconde (la Révolution de 1789, l'œuvre de Nietzsche ou de Sade, etc.).

GRAVITÉ[1]
L'emmuré

S'il respire il pense à l'encoche[2]
Dans la tendre chaux confidente
Où ses mains du soir étendent son corps.

Le laurier l'épuise,
La privation le consolide.

Ô toi, la monotone absente,
La fileuse de salpêtre[3],
Derrière les épaisseurs fixes[4]
Une échelle sans âge déploie ton voile !

Tu vas nue, constellée d'échardes[5],
Secrète, tiède et disponible,
Attachée au sol indolent[6],
Mais l'intime de l'homme abrupt dans sa prison.

À te mordre les jours grandissent,
Plus arides, plus imprenables que les nuages qui se
[déchirent au fond des os[7].

---

1. *Gravité* : la *gravité* ou pesanteur engendre la gravitation universelle. Le poète gravite autour de la Beauté comme les planètes autour du soleil. Il est aussi un *emmuré*, sa seule liberté étant l'écriture : il est *« toujours en prison, mais sa prison se trouve à présent en liberté »* (in *Migration*, p. 21).
2. *l'encoche* : le prisonnier fait des encoches pour compter les jours. Chaque soir, son devoir quotidien d'amour pour la Beauté est rempli.
3. *La fileuse de salpêtre* : dans les lieux obscurs, dans les prisons, du *salpêtre* se dépose sur les parois au fil du temps.
4. *épaisseurs fixes* : le mur qui sépare l'emmuré et la Beauté ne peut jamais devenir moins épais.
5. *constellée d'échardes* : la Beauté souffre dans son corps de toutes les affres de l'écriture, qui supplicient l'emmuré, lequel s'identifie à elle.
6. *sol indolent* : quelque sublime qu'elle soit, la poésie ne parle pas d'un au-delà religieux, mais de ce bas monde, lequel, de son côté, ne se tourmente guère pour elle.
7. *À te mordre* [...] *os* : un créateur essaie de mordre sur la Beauté, de l'arrêter, d'en happer quelque chose. Au cours de longues journées fiévreuses, il travaille, poussé par un sens ardent du devoir, si ardent que, déchiré par les affres de l'écriture, il ne renonce pourtant pas.

*

J'ai pesé de tout mon désir
Sur ta beauté matinale
Pour qu'elle éclate et se sauve.

L'ont suivie l'alcool sans rois mages,
Le battement de ton triangle,
La main-d'œuvre de tes yeux
Et le gravier debout sur l'algue[1].

Un parfum d'insolation
Protège ce qui va éclore.

Seuls demeurent (1938-1944),
in *Fureur et Mystère*.

1. *L'ont suivie* [...] *sur l'algue* : voici le sens de ces quatre vers ingrats et ésotériques (ils sont empruntés à un poème de jeunesse) : « *L'ont suivie une ivresse qui ne pontifiait pas, une jouissance presque érotique, une facilité tout intuitive d'écriture et le sentiment que le courant des jours était comme nettoyé de sa quotidienneté.* »

L'ÉCLAIRAGE DU PÉNITENCIER[1]

Ta nuit je l'ai voulue si courte que ta marâtre taciturne fut vieille avant d'en avoir conçu les pouvoirs[2].

J'ai rêvé d'être à ton côté ce fugitif harmonieux, à la personne à peine indiquée, au bénéfice provenant de route triste et d'angélique[3]. Nul n'ose le retarder.

Le jour s'est soudain resserré. Perdant tous les morts que j'aimais, je congédie ce chien la rose, dernier vivant, distrait été[4].

Je suis l'exclu et le comblé[5]. Achevez-moi, beauté pla-

---

1. *L'Éclairage du pénitencier* : voici une page d'une extraordinaire originalité de sujet et dont l'écriture est d'une suavité rare. L'écrivain « fait l'amour » à un poème qu'il vient de terminer, il jouit de son œuvre. Sa jouissance s'élève peu à peu et va basculer dans un état proprement extatique – mais l'autosatisfaction fait finalement échouer la fusion extatique, qui implique l'oubli de soi.
2. *ta marâtre* [...] *les pouvoirs* : les pouvoirs d'une marâtre. – Le poète n'envisage qu'un court moment de satisfaction ; il sait que toute œuvre finit par laisser à son auteur de l'amertume et du dégoût.
3. *J'ai rêvé* [...] *d'angélique* : J'ai rêvé de parcourir librement, comme toi, les routes de l'avenir que suit un poème, de lecteur à lecteur, *« dans les rues de la ville »* : c'est ce qu'on a lu dans *Allégeance* (cf. p. 102).
4. *Le jour* [...] *distrait été* : tout commence à basculer. L'attention se concentre et oublie la réalité ; plus rien ne compte, en comparaison de la Beauté en personne : les souvenirs les plus délicieux sembleraient morts, et les naïves beautés naturelles n'éveilleraient qu'une attention distraite et sont tenues pour négligeables, elles qui, auparavant, ne s'éloignaient jamais beaucoup de la conscience du poète.
5. *Je suis l'exclu et le comblé* : comparer le *« tison suave »* de *Post-scriptum* (p. 48, v. 5) ou la demi-félicité des amants de la Nuit dans *Chanson du velours à côtes* (p. 138).

neuse, ivres paupières mal fermées[1]. Chaque plaie met à la fenêtre ses yeux de phénix éveillé. La satisfaction de résoudre chante et gémit dans l'or du mur[2].

Ce n'est encore que le vent du joug[3].

Seuls demeurent (1938-1944),
in *Fureur et Mystère*.

---

1. *Achevez-moi* [...] *mal fermées* : la montée vers l'extase s'accompagne de la fièvre d'arriver à la délectation complète et de l'anxiété de n'y pas parvenir. Les paupières (mal closes, hélas : la réalité n'est pas encore entièrement effacée) sont indiscernablement celles du poète et celles de la Beauté : un état extatique est un état de félicité et d'amour où l'être adoré (c'est, ici, la Beauté) est senti comme présent en personne ; cet être absorbe entièrement la conscience : le poète le vit de l'intérieur et, pour ainsi dire, à la première personne ; on pourrait dire que le moi s'identifie à la Beauté et qu'il se prend pour celle-ci... s'il existait encore un sentiment du moi : mais il est aboli.
2. *l'or du mur* : mais précisément, hélas, le sentiment du moi est encore là... Le poète pense à ses anciennes affres de l'écriture et il s'imagine que tout est devenu pour lui facile à résoudre (la demi-extase s'accompagne d'une illusion de toute-puissance). Un mot fatal, celui de *mur*, tout d'*or* qu'il est, présage l'échec : la félicité de l'extase, si elle est complète, exclut la moindre idée de limitation, de restriction.
3. *le vent du joug* : c'est le mouvement de la pensée dans la conscience normale, qui ne pense qu'à sa condition de bœuf de labour attelé à sa tâche (voir le dernier vers de *Post-scriptum*, p. 48) : elle n'accède pas à la béatitude amoureuse qu'incarne le seul poème ; « *le poème* », dit un aphorisme qu'on trouvera plus loin (cf. p. 178), « *est l'amour réalisé du désir demeuré désir* ».

« Mon corps était plus immense que la terre[1] et je n'en connaissais qu'une toute petite parcelle. J'accueille des promesses de félicité[2] si innombrables, du fond de mon âme, que je te supplie de garder pour nous seuls ton nom.[3] »

Feuillets d'Hypnos[4], § 236 (1943-1944),
in *Fureur et Mystère*.

---

1. *Mon corps* [...] *la terre* : autre relation d'une extase, sous couleur d'une effusion d'actions de grâces adressée à la Beauté. Char met entre des guillemets ce texte, comme relatant les paroles d'un tiers, car, dans l'extase, il était devenu « autre » ; on a vu que l'extase est une absorption dans la félicité et l'amour, où la puissance aimée est comme installée dans le moi de son fidèle. Le motif de cette exaltation extrême est souvent religieux, mais aussi bien érotique, idéologique, poétique, voire politique. Or l'extase a un autre caractère : elle rend « réelles » les métaphores, elle fait qu'on les vit. On ne se dit pas : *« je m'élève spirituellement »*, mais on se sent s'élever physiquement et flotter dans les airs (d'où la légende, démentie par sainte Thérèse en personne, de la lévitation des saints) ; on ne se dit pas : *« je suis dans les délices »*, mais on sent un contact ouateux (c'est le *« contact ineffable »* dont parlait le philosophe grec Plotin). Ici, le poète, envahi par la Beauté en personne, se sent grandi, devenu un géant comme elle.
2. *promesses de félicité* : Char rêvait volontiers à ces *promesses* et voulait les croire possibles : l'homme a peut-être eu, ou retrouvera, la possibilité de disposer de la *« vraie »* vie, d'une vie *« colossale »*, née dans les flancs de la poésie (Arthur Rimbaud).
3. *de garder pour nous seuls ton nom* : Char renverse les relations, d'autant plus aisément que la Beauté et son fidèle ne font qu'un ; c'est plutôt à lui-même qu'il demande un silence mystique, par piété et pudeur et pour qu'il n'évente pas en paroles ce sublime secret.
4. Nous reproduisons plusieurs autres extraits de *Feuillets d'Hypnos*, regroupés pp. 147-160.

MISSION ET RÉVOCATION[1]

Devant les précaires perspectives d'alchimie du dieu détruit[2] – inaccompli dans l'expérience – je vous regarde, formes douées de vie, choses inouïes, choses quelconques, et j'interroge[3] : « Commandement interne ? Sommation du dehors ? » La terre s'éjecte de ses parenthèses illettrées. Soleil et nuit dans un or identique parcourent et négocient l'espace-esprit, la chair-muraille[4]. Le cœur s'évanouit[5]... Ta réponse, connaissance, ce n'est plus la mort, université suspensive[6].

SEULS DEMEURENT (1938-1944),
in FUREUR ET MYSTÈRE.

---

1. *Mission et Révocation* : le sujet de ce poème est, lui aussi, d'une originalité extraordinaire ; il décrit ce que serait un état divin du cosmos. Un poète a pour *mission* de décrire cela, qu'il feint de croire réalisé, mais pareille réalisation entraînerait sa *révocation*, la fonction de poète devenant inutile en un univers devenu tout poétique.
2. *du dieu détruit* : *détruit* dans l'opinion, depuis que Nietzsche a osé constater que Dieu était mort.
3. *et j'interroge* : on ne peut guère compter sur un dieu, dont l'existence ne s'est jamais manifestée dans les faits, pour transmuer le cosmos ; peut-on espérer une évolution autonome du cosmos lui-même ?
4. *La terre* [...] *chair-muraille* : la terre devient conforme à l'Esprit ; le soleil est l'astre de la réalité, la nuit rêve à tout ce que recèle l'espace illimité des possibles. La réalité, que la muraille de la matière n'arrête plus, accepte de s'ouvrir à toute possibilité.
5. *Le cœur s'évanouit* : le cœur, chez Char, c'est l'énergie, support de l'individualité. Les frontières de chair qui distinguent les humains les uns des autres s'évanouissent, puisqu'il n'est qu'un seul Esprit, le même pour tous.
6. *Ta réponse* [...] *suspensive* : la mort de toute chair est elle-même morte. Or, jusqu'à présent, le seul moyen d'acquérir en métaphysique quelque savoir qui fût tiré de l'expérience était de mourir : on apprenait alors ce qui se passait au-delà de la barrière... La mort, cette *université*, nous enseignait donc tout, mais en nous *suspendant*, en suspendant le cours de nos ans.

TOUTE VIE...

Toute vie qui doit poindre
achève un blessé.
Voici l'arme,
rien,
vous, moi, réversiblement
ce livre[1],
et l'énigme
qu'à votre tour vous deviendrez
dans le caprice amer des sables.

ROUGEUR DES MATINEAUX (1949),
in LES MATINAUX.

Feuillets, *tableau d'Alexandre Galpérine (1980).*

---

1. *Toute vie* [...] *ce livre* : ce livre « tue » ses modèles (il les éclipse), fait « violence » à ses lecteurs (la lecture les modifie) et « tue » son auteur (que les lecteurs confondent avec son œuvre). – Ce poème a la forme d'un sablier.

Questions

Deux au moins des poèmes qu'on vient de lire sont des chefs-d'œuvre : Commune présence *et* Chanson du velours à côtes*; deux autres sont d'une originalité de sujet sans exemple. Peut-on parler de religiosité ou, au moins, de spiritualité ? Il est si facile d'abuser de ces mots... Notons au moins que, si spiritualité il y a, celle-ci ne connaît ni dieu ni surnaturel : Char, dans d'autres textes, ne mentionne que le Vide, plus adorable que notre effroyable réalité trop pleine – un Vide dont on ne saurait rien dire. Et il ignore une bonne moitié des sentiments proprement religieux, à savoir le respect et la crainte ; il ne connaît que l'amour.*

Réécriture

1. *Vous essaierez de refaire à votre manière* Mission et Révocation *: vous ne le paraphraserez pas, vous ne le « traduirez » pas en un langage « plus clair », mais vous le lirez de près, vous y réfléchirez et vous* raconterez *à votre manière, avec vos mots, un passage du monde en un état divin, avec les exemples que vous voudrez et les imaginations supplémentaires qui seront peut-être les vôtres.*

Mise en perspective

2. *Pour Char, la beauté était* presque *une déesse, qu'il aimait d'amour et qu'il n'avait fait qu'entrevoir en ses rêves éveillés. Vous montrerez aisément une même divinisation de la Beauté dans plusieurs poèmes, parfois mal compris, des* Fleurs du Mal *de Baudelaire* (La Beauté ; Hymne à la Beauté ; « Je t'adore à l'égal de la voûte nocturne » ; De profundis clamavi ; « Je te donne ces vers afin que si mon nom » ; « Que diras-tu ce soir, pauvre âme solitaire » ; Le Flambeau vivant ; La Mort des artistes) *: comment, dans certains de ces poèmes mais non dans tous, l'Aimée est-elle à la fois la Beauté et une femme aimée ?*
Vous pouvez faire de même avec Paul Eluard qui n'est pas seulement, comme on le croit, le poète de l'amour et des femmes de chair : étudiez, dans Mourir de ne pas mourir, *la pièce fameuse intitulée* L'Amoureuse *; dans le même recueil,* L'As de trèfle *est bien la belle Gala Eluard (qui devait bientôt devenir Gala Dali), sans doute, mais elle est plus encore : elle est la Muse, aurait écrit un poète romantique.*

FEUILLETS D'HYPNOS

ET PROSES DIVERSES

Autographe de René Char,
en frontispice de Feuillets d'Hypnos.

LIBRAIRIE GALLIMARD

JUIN 1946
[redacted]

Collection « **ESPOIR** »
dirigée par Albert CAMUS

RENÉ CHAR

FEUILLETS D'HYPNOS

Un volume in-16 double couronne . . . . . 63 fr.
– 20 exemplaires numérotés sur pur fil . . . . . 300 fr.

L'auteur des *Feuillets d'Hypnos* considère que le fait d'avoir été engagé dans une action dont les exigences ont circulé à travers des pouvoirs et des droits (certains demeurent encore inconnus), ne lui concède pas nécessairement une personnalité caractérisée ni ne l'autorise à se dire le porte-parole de sensibilités différentes de la sienne.

L'auteur des *Feuillets d'Hypnos* affectionne les mots de Nietzsche : « J'ai toujours mis dans mes écrits toute ma vie et toute ma personne. J'ignore ce que peuvent être des problèmes purement intellectuels ».

La mémoire étant heureusement pleine de tournants comme de projets, la sensation et son corollaire la morale passent pour avoir accompli leur révolution. Cependant, l'antinomie fondamentale subsiste, et l'homme continue d'agir, parmi les apparences de sa victoire, en *écorché* beaucoup plus qu'en guerrier. Le paradis s'évanouit. L'homme n'assouvit pas sa faim.

Si un souhait restait à formuler ce serait que le poète, dans sa marche en avant, gardât intacte son *appréhension*.

R. C.

Du même auteur :

Seuls demeurent

nrf

FEUILLETS D'HYPNOS

NOTICE

Hypnos (ce mot grec signifie *« sommeil »*, et l'on pense au vers *« grandeur en sommeil sur la plaie ouverte »* de *Dépendance de l'adieu*) était, dans la bouche et sous la plume de René Char, le nom d'un personnage imaginaire, auteur des *Feuillets* dont on va lire quelques passages. Les *Feuillets d'Hypnos* sont, selon l'auteur lui-même, un texte en prose et une fiction. C'est une suite de 237 réflexions, méditations, maximes, anecdotes, souvenirs, extraits de lettres, ébauches de poèmes, etc., consignés, entre 1941 et 1944, par un combattant de la Résistance qui est aussi poète (mais ses compagnons l'ignorent). Il faut se garder de prendre ces apparents fragments pour des espèces d'« aphorismes » dont chacun vaudrait par lui-même ; leur discontinuité et leur diversité ne sauraient nous abuser : leur choix et leur succession sont très calculés. L'ensemble forme un tout ; par petites touches se compose un tableau de la Résistance intérieure et, plus encore peut-être, le portrait d'un personnage complexe, qui évolue au fil de ses expériences.

À nos yeux, ce personnage est évidemment le frère jumeau de l'auteur. Pendant la guerre, Char ne se séparait pas d'un carnet où il consignait pêle-mêle des réflexions et les indications les plus réalistes : en tel lieu, la police politique dispose de tant d'automobiles ; dû au fermier Untel un sac de blé destiné au maquis ; se méfier de tel individu qui est peut-être un indicateur, etc. Après la Libération, le carnet en question, à l'exception d'une page conservée à titre d'échantillon, a été détruit par son propriétaire, car il ne faut jamais s'attarder sur son passé, mais au contraire en effacer (en *« équarrir »*) le souvenir. Les *Feuillets d'Hypnos* sont la stylisation, plus élaborée qu'il ne paraît d'abord, de ce carnet ; Char s'est « tué » (aurait-il pu dire) en ce personnage appelé *Hypnos*, et le carnet a été « effacé » en ces *Feuillets.*

Un abîme doit séparer – et sépare fatalement – un homme et son œuvre ; cet homme et l'écrivain qu'il porte en lui font deux ; l'homme peut écrire pour informer ses semblables ; mais l'écriture littéraire, elle, vise à faire rêver ; elle est le fait d'un « poète » qui n'existe pas en chair et en os. Tel est le sens d'un aphorisme des *Compagnons dans le jardin* qui énonce un constat, plus qu'il ne prescrit une conduite à tenir : *« Un poète doit laisser des traces de son passage, non des preuves. Seules les traces font rêver.* » Les *Feuillets* sont ces traces-là, et Hypnos n'est pas René Char, pas plus que le narrateur de la *Recherche du temps perdu* n'est un certain Marcel Proust, de l'existence duquel nous possédons par ailleurs des preuves – même si la *Recherche* est largement autobiographique.

2

Ne t'attarde pas à l'ornière des résultats[1].

5

Nous n'appartenons à personne sinon au point d'or de cette lampe inconnue de nous, inaccessible à nous qui tient éveillés le courage et le silence.

22

AUX PRUDENTS : Il neige sur le maquis et c'est contre nous chasse perpétuelle. Vous dont la maison ne pleure pas, chez qui l'avarice écrase l'amour, dans la succession des journées chaudes, votre feu n'est qu'un garde-malade. Trop tard. Votre cancer a parlé. Le pays natal[2] n'a plus de pouvoirs.

32

Un homme sans défauts est une montagne sans crevasses. Il ne m'intéresse pas. (Règle de sourcier et d'inquiet.)

34

Épouse et n'épouse pas ta maison[3].

---

1. *Ne t'attarde pas à l'ornière des résultats* : ce serait trop évident, si Char songeait ici aux résultats déjà acquis. Il veut dire en réalité qu'il ne faut pas suivre les ornières d'une politique à courte vue et prétendument réaliste, qui ne poursuit que des résultats tangibles et probables.
2. *Le pays natal* : attention ! c'est un piège tendu au lecteur ; ce *« pays natal »* n'est pas la France, mais le pays de *Qu'il vive !*, à savoir l'état de bonheur, de grâce, de générosité pour lequel l'homme, au fond, était fait et dont il jouit si rarement. Les *prudents* ont perdu tout contact avec l'audace et l'esprit de jeunesse ; ils mourront misérablement du *cancer* de leur avarice d'eux-mêmes : il est trop tard, ils ne changeront plus. Les mots de *« pays natal »*, en ce sens, appartenaient à la langue quotidienne de Char.
3. *ta maison* : ta maison mentale, ton caractère, tes convictions, tes préférences...

46

L'acte est vierge, même répété.

55

N'étant jamais définitivement modelé, l'homme est receleur de son contraire. Ses cycles dessinent des orbes différents selon qu'il est en butte à telle sollicitation ou non. Et les dépressions mystérieuses, les inspirations absurdes, surgies du grand externat crématoire, comment se contraindre à les ignorer ? Ah ! circuler généreusement sur les saisons de l'écorce, tandis que l'amande palpite, libre... L'homme est fait de contraires.

59

Si l'homme parfois ne fermait pas *souverainement* les yeux, il finirait par ne plus voir ce qui vaut d'être regardé[1].

62

Notre héritage n'est précédé d'aucun testament[2].

63

On ne se bat bien que pour les causes qu'on modèle soi-même et avec lesquelles on se brûle en s'identifiant.

Il faut y croire, il faut vivre les choses pour lesquelles on se bat

1. *ce qui vaut d'être regardé* : et qui n'est justement pas l'actualité, la guerre, la réalité. L'italique de *souverainement* attire l'attention sur la portée philosophique du mot : l'homme est un être qui dispose d'une marge de liberté, d'autonomie, par rapport à la réalité, et qui lui permet précisément de rêver à autre chose qu'à la réalité.

2. *Notre héritage* [...] *testament* : la Résistance héritait de certaines traditions politiques (l'antifascisme de gauche, le patriotisme de la droite, etc.) ; Char ne se sent pas tenu de les respecter. Il espère aussi, à cette date, que la Résistance renouvellera les conditions de la vie politique. Hannah Arendt a commenté et discuté ce refus de la tradition politique dans *La Crise de la culture : huit exercices de pensée politique*, Gallimard, 1972, p. 11.

72

Agir en primitif et prévoir en stratège. Garder le contact avec la nature

73

À en croire le sous-sol de l'herbe où chantait un couple de grillons cette nuit, la vie prénatale devait être très douce[1].

81

L'acquiescement éclaire le visage. Le refus lui donne la beauté[2]. Le refus est supérieur, refuser tout ce qui empêche la liberté.

87

LS*, je vous remercie pour l'homodépôt[3] Durance 12. Il entre en fonction dès cette nuit. Vous veillerez à ce que la jeune équipe affectée au terrain ne se laisse pas entraîner à apparaître trop souvent dans les rues de Duranceville[4]. Filles et cafés dangereux plus d'une minute. Cependant ne tirez pas trop sur la bride. Je ne veux pas de mouchard dans l'équipe. Hors du réseau, qu'on ne communique pas. Stoppez vantardise. Vérifiez à deux sources corps[5] renseignements. Tenez compte cinquante

* Pierre Zyngerman, alias Léon Saingermain[6].

1. *À en croire* [...] *très douce* : à cette époque, Char croyait encore à la métempsycose (cf. *De 1943*, in *Au-dessus du vent*, in *La Parole en archipel*). Il essaie aussi de se consoler d'une probable mort au combat.
2. *Le refus lui donne la beauté* : la beauté est supérieure à l'« éclairage », aux lumières de la raison : dire non, c'est être libre, c'est refuser les chaînes de la réalité, comme le fait de son côté la poésie.
3. *l'homodépôt* : une « planque » où cacher des résistants poursuivis ou des pilotes des armées alliées dont l'avion avait été abattu.
4. *Duranceville* : probablement Oraison, dans les Basses-Alpes.
5. *corps* : le corps des renseignements qu'on vous communique, leur contenu.
6. La note est de René Char. Pour un lecteur de 1945, l'intérêt porté aux juifs et aux combattants étrangers, sensible dans ce texte, était remarquable : il n'était pas aussi répandu, dans les rangs des résistants, qu'on le croirait aujourd'hui.

pour cent romanesque dans la plupart des cas. Apprenez à vos hommes à prêter attention, à rendre compte exactement, à savoir poser l'arithmétique des situations. Rassemblez les rumeurs et faites synthèse. Point de chute et boîte à lettres chez l'ami des blés[1]. Éventualité opération Waffen[2], camp des étrangers, les Mées, avec débordement sur Juifs et Résistance. Républicains espagnols très en danger. Urgent que vous les préveniez. Quant à vous, évitez le combat. Homodépôt sacré. Si alerte, dispersez-vous. Sauf pour délivrer camarade capturé, ne donnez jamais à l'ennemi signe d'existence. Interceptez suspects. Je fais confiance à votre discernement. Le camp ne sera jamais montré. Il n'existe pas de camp, mais des charbonnières qui ne fument pas. Aucun linge d'étendu au passage des avions, et tous les hommes sous les arbres et dans le taillis. Personne ne viendra vous voir de ma part, l'ami des blés et le Nageur exceptés. Avec les hommes de l'équipe soyez rigoureux et attentionné. Amitié ouate discipline. Dans le travail, faites toujours quelques kilos de plus que chacun, sans en tirer orgueil. Mangez et fumez visiblement moins qu'eux. N'en préférez aucun à un autre. N'admettez qu'un mensonge improvisé et gratuit. Qu'ils ne s'appellent pas de loin. Qu'ils tiennent leur corps et leur literie propres. Qu'ils apprennent à chanter bas et à ne pas siffler d'air obsédant, à dire telle qu'elle s'offre la vérité. La nuit, qu'ils marchent en bordure des sentiers. Suggérez les précautions ; laissez-leur le mérite de les découvrir. Émulation excellente. Contrariez les habitudes monotones. Inspirez celles que vous ne voulez pas trop tôt voir mourir. Enfin, aimez au même moment qu'eux les êtres qu'ils aiment. Additionnez, ne divisez pas. Tout va bien ici. Affections. HYPNOS.

---

1. *l'ami des blés* : pseudonyme. Il s'agit probablement de Roger Chaudon, mort fusillé.
2. *Éventualité opération Waffen* : éventualité d'une opération des redoutables Waffen SS contre un maquis de républicains espagnols, réfugiés en France après la victoire de Franco et combattants volontaires dans la Résistance française.

99

Tel un perdreau mort, m'est apparu ce pauvre infirme que les Miliciens[1] ont assassiné à Vachères après l'avoir dépouillé des hardes qu'il possédait, l'accusant d'héberger des réfractaires[2]. Les bandits avant de l'achever jouèrent longtemps avec une fille qui prenait part à leur expédition. Un œil arraché, le thorax défoncé, l'innocent absorba cet enfer et LEURS RIRES.
(Nous avons capturé la fille.)

128

Le boulanger n'avait pas encore dégrafé les rideaux de fer de sa boutique que déjà le village[3] était assiégé, bâillonné, hypnotisé, mis dans l'impossibilité de bouger. Deux compagnies de SS et un détachement de miliciens le tenaient sous la gueule de leurs mitrailleuses et de leurs mortiers. Alors commença l'épreuve.
Les habitants furent jetés hors des maisons et sommés de se rassembler sur la place centrale. Les clés sur les portes. Un vieux, dur d'oreille, qui ne tenait pas compte assez vite de l'ordre, vit les quatre murs et le toit de sa grange voler en morceaux sous l'effet d'une bombe. Depuis quatre heures j'étais éveillé. Marcelle[4] était venue à mon volet me chuchoter l'alerte. J'avais reconnu immédiatement l'inutilité d'essayer de franchir le cordon de surveillance et de gagner la campagne. Je changeai rapidement de logis. La maison inhabitée où je me réfugiai autorisait, à toute extrémité, une résistance armée efficace. Je pouvais suivre de la fenêtre, derrière les rideaux jaunis, les allées et venues nerveuses des occupants. Pas un des miens n'était présent au village. Cette pensée me rassura. À quelques kilomètres de là, ils

1. *Miliciens* : l'organisation paramilitaire de Vichy, qui pourchassait les résistants.
2. *réfractaires* : des maquisards, dans le langage officiel de Vichy.
3. *le village* : Céreste.
4. *Marcelle* : Marcelle Sidoine, une grande amie.

suivraient mes consignes[1] et resteraient tapis. Des coups me parvenaient, ponctués d'injures. Les SS avaient surpris un jeune maçon qui revenait de relever des collets. Sa frayeur le désigna à leurs tortures. Une voix se penchait hurlante sur le corps tuméfié : « Où est-il ? Conduis-nous », suivie de silence. Et coups de pied et coups de crosse de pleuvoir. Une rage insensée s'empara de moi, chassa mon angoisse. Mes mains communiquaient à mon arme[2] leur sueur crispée, exaltaient sa puissance contenue. Je calculais que le malheureux se tairait encore cinq minutes, puis, fatalement, il *parlerait*. J'eus honte de souhaiter sa mort avant cette échéance. Alors apparut jaillissant de chaque rue la marée des femmes, des enfants, des vieillards, se rendant au lieu de rassemblement, suivant un *plan concerté*. Ils se hâtaient sans hâte, ruisselant littéralement sur les SS, les paralysant « en toute bonne foi ». Le maçon fut laissé pour mort. Furieuse, la patrouille se fraya un chemin à travers la foule et porta ses pas plus loin. Avec une prudence infinie, maintenant des yeux anxieux et bons regardaient dans ma direction, passaient comme un jet de lampe sur ma fenêtre. Je me découvris à moitié et un sourire se détacha de ma pâleur. Je tenais à ces êtres par mille fils confiants dont pas un ne devait se rompre.

J'ai aimé farouchement mes semblables cette journée-là, bien au-delà du sacrifice*.

* N'était-ce pas le hasard qui m'avait choisi pour prince ce jour-là plutôt que le cœur mûri pour moi de ce village ? (1945)[3]

138

Horrible journée ! J'ai assisté, distant de quelque cent

1. *mes consignes* : la consigne de ne pas attaquer le village pour tenter de délivrer leur chef : les habitants seraient massacrés à titre de représailles.
2. *arme* : colt.
3. Note de Char qui, après coup, juge les majorités silencieuses d'un œil moins candide.

mètres, à l'exécution de B[1]. Je n'avais qu'à presser la détente du fusil-mitrailleur et il pouvait être sauvé ! Nous étions sur les hauteurs dominant Céreste[2], des armes à faire craquer les buissons et au moins égaux en nombre aux SS. Eux ignorant que nous étions là. Aux yeux qui imploraient partout autour de moi le signal d'ouvrir le feu, j'ai répondu non de la tête... Le soleil de juin glissait un froid polaire dans mes os.
Il est tombé comme s'il ne distinguait pas ses bourreaux et si léger, il m'a semblé, que le moindre souffle de vent eût dû le soulever de terre.
Je n'ai pas donné le signal parce que ce village devait être épargné *à tout prix*. Qu'est-ce qu'un village ? Un village pareil à un autre ? Peut-être l'a-t-il su, lui, à cet ultime instant ?

161

Tiens vis-à-vis des autres ce que tu t'es promis à toi seul. Là est ton contrat.

165

Le fruit est aveugle. C'est l'arbre qui voit.

169

La lucidité est la blessure la plus rapprochée du soleil[3].

---

1. *B* : le jeune poète Roger Bernard ; Char a écrit sur lui un poème émouvant, *Affres, détonation, silence* (in *Le Poème pulvérisé*, in *Fureur et Mystère*).
2. *Céreste* : village au nord-est du Luberon, où Char vivait sous une fausse identité.
3. *La lucidité* [...] *du soleil* : la lucidité est donc une blessure ; c'est si évident que cet aphorisme est devenu proverbial et a fait la conclusion de discours officiels. Seulement Char aime à tendre des pièges aux lecteurs pressés ; il faut se souvenir que le soleil a la vertu de cicatriser les blessures. Donc la vérité cicatrise vite les blessures que la lucidité inflige d'abord. Ou, plus simplement, la vérité guérit les blessures qu'elle inflige. Dans un lieu inattendu (journal *Le Monde* du 9 août 1993, « Carnet »), nous avons eu la surprise de lire cette paraphrase judicieuse : *« La lucidité est une blessure qui rapproche du soleil. Comme le soleil, elle brûle, dessèche et renvoie à l'état naturel. »*

170

Les rares moments de liberté sont ceux durant lesquels l'inconscient se fait conscient et le conscient néant (ou verger fou).

174

La perte de la vérité, l'oppression de cette ignominie dirigée qui s'intitule *bien* (le mal, non dépravé, inspiré, fantasque est utile) a ouvert une plaie au flanc de l'homme que seul l'espoir du grand lointain informulé (le vivant inespéré) atténue. Si l'absurde est maître ici-bas, je choisis l'absurde, l'antistatique, celui qui me rapproche le plus des chances pathétiques. Je suis homme de berges – creusement et inflammation – ne pouvant l'être toujours de torrent.

175

Le peuple des prés m'enchante. Sa beauté frêle et dépourvue de venin, je ne me lasse pas de me la réciter. Le campagnol, la taupe, sombres enfants perdus dans la chimère de l'herbe, l'orvet, fils du verre, le grillon, moutonnier comme pas un, la sauterelle qui claque et compte son linge, le papillon qui simule l'ivresse et agace les fleurs de ses hoquets silencieux, les fourmis assagies par la grande étendue verte, et immédiatement au-dessus les météores hirondelles...
Prairie, vous êtes le boîtier du jour.

178

La reproduction en couleur du *Prisonnier* de Georges de La Tour que j'ai piquée sur le mur de chaux de la pièce où je travaille, semble, avec le temps, réfléchir son sens dans notre condition. Elle serre le cœur mais combien désaltère ! Depuis deux ans, pas un réfractaire qui n'ait, passant la porte, brûlé ses yeux aux preuves de cette chandelle. La femme explique, l'emmuré écoute[1]. Les

1. *La femme* [...] *écoute* : on a reconnu les personnages du poème *Gravité : l'emmuré* (cf. p. 139). Mais, à présent, les emmurés sont les résistants, ou même tout être humain.

mots qui tombent de cette terrestre silhouette d'ange rouge sont des mots essentiels, des mots qui portent immédiatement secours. Au fond du cachot, les minutes de suif de la clarté tirent et diluent les traits de l'homme assis. Sa maigreur d'ortie sèche, je ne vois pas un souvenir pour la faire frissonner. L'écuelle est une ruine. Mais la robe gonflée emplit soudain tout le cachot. Le Verbe de la femme donne naissance à l'inespéré mieux que n'importe quelle aurore[1].
Reconnaissance à Georges de La Tour qui maîtrisa les ténèbres hitlériennes avec un dialogue d'êtres humains.

195

Si j'en réchappe, je sais que je devrai rompre avec l'arôme de ces années essentielles, rejeter (non refouler) silencieusement loin de moi mon trésor[2], me reconduire jusqu'au principe du comportement le plus indigent comme au temps où je me cherchais sans jamais accéder à la prouesse, dans une insatisfaction nue, une connaissance à peine entrevue et une humilité questionneuse.

197

Être du bond. N'être pas du festin, son épilogue[3].

---

1. *Le Verbe* [...] *aurore* : ce tableau de Georges de La Tour (mort en 1652) est au musée d'Épinal ; longtemps appelé *Le Prisonnier*, il représente en réalité Job raillé par sa femme : nous en reproduisons un détail, p. 65. Dans les années 1940, la gloire de ce tableau était comme neuve : la grandeur et même l'existence de La Tour est une redécouverte du début de notre siècle ; en 1934, une exposition parisienne avait révélé ce peintre aux amateurs ; en 1935, une revue d'avant-garde restée célèbre, *Minotaure*, avait publié une grande reproduction en couleurs (luxe alors suprême) de ce tableau.
2. *loin de moi mon trésor* : d'où la destruction du carnet de guerre (voir la Notice, p. 149), et son « effacement » en une œuvre comme anonyme, attribuée à « Hypnos ».
3. *son épilogue* : dès la Libération, Char abandonne toute action politique et refuse de siéger dans les cours de justice.

213

J'ai, ce matin, suivi des yeux Florence[1] qui retournait au Moulin du Calavon. Le sentier volait autour d'elle : un parterre de souris se chamaillant ! Le dos chaste et les longues jambes n'arrivaient pas à se rapetisser dans mon regard. La gorge de jujube s'attardait au bord de mes dents. Jusqu'à ce que la verdure, à un tournant, me le dérobât, je repassai, m'émouvant à chaque note, son admirable corps musicien, inconnu du mien.

237

Dans nos ténèbres, il n'y a pas une place pour la Beauté. Toute la place est pour la Beauté.

1. *Florence* : en réalité Lucienne, femme de Roger Bernard ; très belle, elle avait été l'un des modèles du peintre Henri Matisse.

PROSES DIVERSES

Je veux n'oublier jamais que l'on m'a contraint à devenir – pour combien de temps ? – un monstre de justice et d'intolérance, un simplificateur claquemuré, un personnage arctique qui se désintéresse du sort de quiconque ne se ligue pas avec lui pour abattre les chiens de l'enfer. Les rafles d'Israélites, les séances de scalp dans les commissariats, les raids terroristes des polices hitlériennes[1] sur les villages ahuris, me soulèvent de terre, plaquent sur les gerçures de mon visage une gifle de fonte rouge. Quel hiver ! Je patiente, quand je dors, dans un tombeau que des démons viennent fleurir de poignards et de bubons. L'humour n'est plus mon sauveur. Ce qui m'accable, puis m'arrache de mes gonds, c'est qu'à l'intérieur de la nation écrêtée pourtant par les courants discordants suivis de pouvoirs falots et relativement débonnaires[2], – la répression de l'agitation ouvrière et les cruelles expéditions coloniales[3] mises à part, dague que la haine de classes et la cupidité éternelle poussent par intervalles dans quelque chair au préalable excommuniée – puissent se compter si nombreux les individus méditants qui se rendent gaillardement à l'appeau du tortionnaire et s'enrôlent parmi ses légions[4]. Quelle entreprise d'extermination dissimula moins ses buts que celle-ci ? Je ne comprends pas, et si je comprends, ce que je touche est terrifiant. À cette échelle, notre globe ne serait plus, ce soir, que la boule d'un cri immense dans la gorge de l'infini écartelé. C'est possible et c'est impossible.

1943.

BILLETS À FRANCIS CUREL, II,
in *PAUVRETÉ ET PRIVILÈGE*,
in *RECHERCHE DE LA BASE ET DU SOMMET*, I.

---

1. *des polices hitlériennes* : la police hitlérienne allemande ou Gestapo, et la police hitlérienne française (composée de volontaires) ou Milice.
2. *la nation* [...] *débonnaires* : la Troisième République (1871-1940), ses débonnaires luttes de partis et ses présidents et ministres.
3. *les cruelles expéditions coloniales* : en 1931, Char avait cosigné un tract surréaliste aujourd'hui célèbre, intitulé *Ne visitez pas l'Exposition coloniale*.
4. *parmi ses légions* : dans la Milice.

[...][1]

...Nous nous sommes imaginé, en 1945, que l'esprit totalitaire avait perdu, avec le nazisme, sa terreur, ses poisons souterrains et ses fours définitifs[2]. Mais ses excréments sont enfouis dans l'inconscient fertile des hommes. Une espèce d'indifférence colossale à l'égard de la reconnaissance des autres et de leur expression vivante, parallèlement à nous, nous informe qu'il n'y a plus de principes généraux et de morale héréditaire. Un mouvement failli l'a emporté. On vivra en improvisant à ras de son prochain. La faim devenue soif, la soif ne se fait pas nuage. Une intolérance démente[3] nous ceinture. Son cheval de Troie est le mot *bonheur*. Et je crois cela mortel. Je parle, homme sans faute originelle sur une terre présente[4]. Je n'ai pas mille ans devant moi[5]. Je ne

---

1. Dans sa version définitive («Bibliothèque de la Pléiade», Gallimard, 1983, pp. 742-744), ce texte, portant les dates de 1950, 1952, 1964, comprend, outre quelques lignes de dédicace à Martin Heidegger, dix paragraphes : nous ne reproduisons ici que le troisième (ainsi que le sixième, *infra*, p. 186).

2. *ses fours définitifs* : les fours crématoires du génocide, de l'Holocauste, que les nazis appelaient *«solution définitive (endliche Lösung) du problème juif»*, ou, selon la traduction usuelle, *«solution finale»*.

3. *Une intolérance démente* : l'idéologie communiste, dont l'impact a été considérable en France, de la Libération à l'écrasement de la révolte hongroise (1956). Aragon, promu dictateur à la culture par le Parti communiste, pressait chacun de militer, sous la direction de son parti, pour des *«lendemains qui chantent»*, dans le *«sens de l'Histoire»*, pour le bonheur définitif de l'humanité et, en fait, pour le totalitarisme stalinien. Au-delà de ces polémiques de circonstances, Char pose le problème fondamental : l'Histoire est-elle susceptible d'avoir un «sens» (c'est-à-dire une direction, une ligne politique, une voie, des «rails») qui mène l'humanité à une organisation rationnelle et au bonheur de tous, comme le croit le marxisme ?

4. *Je parle* [...] *présente* : Char ne parle pas comme chrétien, ne voue pas l'homme au bonheur dans un autre monde et ne croit pas qu'il porte le handicap de la *«faute originelle»*.

5. *Je n'ai pas mille ans devant moi* : pour expliquer la contradiction entre le bonheur promis par le communisme et la misère de l'Union soviétique stalinienne, les partis communistes alléguaient que plusieurs générations devraient d'abord œuvrer durement à la *«construction du socialisme»*.

m'exprime pas pour les hommes du lointain qui seront – comment n'en pas douter ? – aussi malheureux que nous. J'en respecte la venue. On a coutume, en tentation, d'allonger l'ombre claire d'un grand idéal devant ce que nous nommons, par commodité, notre chemin. Mais ce trait sinueux n'a pas même le choix entre l'inondation, l'herbe folle et le feu ! Pourtant, l'âge d'or promis ne mériterait son nom qu'*au présent*, à peine plus. La perspective d'un paradis hilare détruit l'homme. Toute l'aventure humaine contredit cela, mais pour nous stimuler[1] et non nous accabler.

Grands Astreignants
ou la Conversation souveraine (1933-1976),
in *Recherche de la base et du sommet*, III.

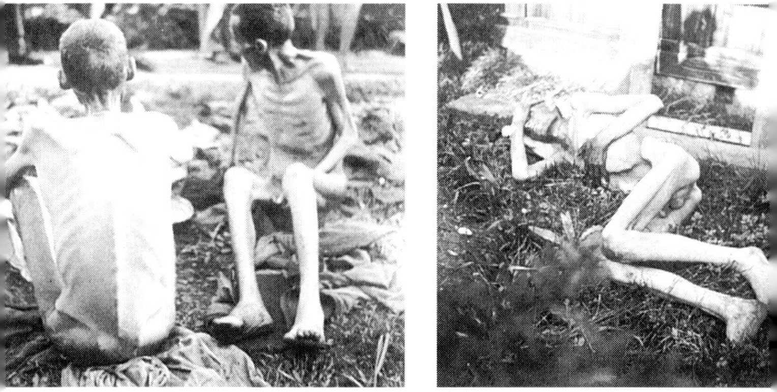

Déportés de Buchenwald.

1. *Toute aventure* [...] *nous stimuler* : il n'y a pas de sens unique de l'Histoire à travers les siècles. Il est stimulant de reconnaître que *chaque* époque, chaque génération a *ses* problèmes, se sent aussi malheureuse que l'époque précédente, veut *son* bonheur, a ses espérances, travaille à les réaliser – et qu'elle a raison de voir les choses ainsi, au lieu de travailler pour un avenir chimérique et lointain.

JEANNE QU'ON BRÛLA VERTE[1]

La sainteté proprement dite de Jeanne d'Arc ? N'étant pas théologien ni croyant, je passe à côté. Mais j'aurais bataillé avec cette jeune fille, près d'elle, pour elle, car, en son temps, son action insurgée et mystique était totalement justifiée. Je songe parfois à son physique. (Les témoignages du procès de réhabilitation[2] la présentent sensiblement différente de la description que j'en donne.) Taille en rectangle vertical comme une planche de noyer. Les bras longs et vigoureux. Des mains romanes tardives[3]. Pas de fesses. Elles se sont cantonnées dès la première décision de guerroyer. Le visage était le contraire d'ingrat. Un ascendant[4] émotionnel extraordinaire. Un vivant mystère humanisé. Pas de seins. La poitrine les a vaincus. Deux bouts durs seulement. Le ventre haut et plat. Un dos comme un tronc de pommier, lisse et bien dessiné, plus nerveux que musclé, mais dur comme la corne d'un bélier. Ses pieds ! Après avoir flâné au pas d'un troupeau bien nourri, nous les regardons s'élever soudain, battre des talons les flancs de chevaux de combat, bousculer l'ennemi, tracer l'emplacement nomade du bivouac, enfin souffrir de

---

1. *Jeanne qu'on brûla verte* : nous citons cette prose d'art pour sa bizarre humeur ; des familiarités truculentes et le maniérisme de la fin dissimulent pudiquement l'admiration et la sympathie pour cette femme, et l'horreur du bûcher.

2. *du procès de réhabilitation* : un quart de siècle après son supplice, Jeanne fut réhabilitée (1456) à l'issue d'un procès où déposèrent de nombreux témoins de sa vie. Ce texte a été écrit pour le cinquième centenaire de la réhabilitation.

3. *Des mains romanes tardives* : Char semble rattacher à l'art roman tardif des œuvres qu'il connaissait bien, les chapiteaux de Vézelay, sans doute à cause de leur familiarité noble et leur baroque – qu'il imite en cette page, où il va jusqu'à chercher le tour de force : rendre hommage à l'héroïne nationale en la déshabillant en public.

4. *Un ascendant* : l'ascendant, au sens astrologique ; loin d'être une virago, selon Char, Jeanne a vécu sous le signe de l'émotivité.

tous les maux dont souffre l'âme mise au cachot puis au supplice.
Voici ce que ça donne en trait de *terre*[1] : « Verte terre de Lorraine. – Terre obstinée des batailles et des sièges. – Terre sacrée de Reims. – Terre fade, épouvantable du cachot. – Terre des immondes. – Terre vue *en bas* sous le bois du bûcher. – Terre flammée. – Terre peut-être toute bleue dans le regard horrifié[2]. – Cendres. »

1956.

PAUVRETÉ ET PRIVILÈGE,
in RECHERCHE DE LA BASE ET DU SOMMET, I.

1. *en trait de* terre : les *terres* sont certains pigments utilisés par les peintres (terre de Sienne, terre d'ombre ou d'Ombrie) ; Char était peintre amateur.
2. *Terre* [...] *regard horrifié* : de 1941 à 1944, Char avait eu lieu de penser fortement à l'épouvante des supplices (sous la torture, disait-il un jour, certains ont parlé qui ne savaient même pas qu'ils avaient parlé).

Prière d'insérer

RENÉ CHAR

ARTINE

ÉDITIONS SURRÉALISTES
chez José Corti, libraire, 6, rue de Clichy, Paris

Femmes qu'on ne voit pas, attention !

POÈTE CHERCHE modèle pour poèmes. Séances de pose exclusiv. pendant sommeil récipr. René Char, 8ter, rue des Saules, Paris (Inut. ven. avant nuit compl. La lumière m'est fatale).

.... *

QUI A VU, demandent André Breton et Paul Eluard, qui a vu NOTRE AMI René Char dep. qu'il a trouvé femme mod. pour poème, femme dont il rêvait, femme belle à lui interd. de s'éveil.? La femme était aussi danger. pour le poète que le poète pour la femme. Nous les av. quittés au bord d'un précip. Personne. Qui peut dire où nous mène ce parfum disparu?

* Ici se place ARTINE, par René Char (Editions Surréalistes).

SOUS MA CASQUETTE AMARANTE
Entretiens avec France Huser

NOTICE

Char croyait aux fantômes – bien qu'il reconnût n'en avoir jamais vu – et il n'en avait pas peur ; il suffisait, selon lui, d'être gentil avec eux. Il y croyait depuis une aventure de jeunesse qu'il évoque énigmatiquement dans une prose publiée en 1930, *La Manne de Lola Abba*, et qu'il nous a racontée avec plus de détail.

Il avait entraîné nuitamment son camarade Francis Curel, qui ne trouvait ridicule aucun désir, dans un cimetière abandonné où ils découvrirent la tombe et l'épitaphe d'une jeune fille, Lola Abba, qui venait de mourir noyée. Or, quinze jours plus tard, une servante se présenta à la maison familiale des Névons, cherchant une place ; elle déclara son nom : Lola Abba ! Char se précipita, mais trop tard : la jeune fille avait disparu.

Elle devait reparaître, sous diverses identités que l'on va découvrir. Il n'y avait, dans le récit que nous faisait le poète, aucune trace de scepticisme. La même année 1930, Char avait publié aux Éditions surréalistes une autre fiction, *Artine*, où le fantôme de Lola Abba apparaissait entre les lignes.

Cinquante ans plus tard, il s'expliquait plus longuement dans un entretien avec France Huser, paru dans *Le Nouvel Observateur* du 3 mars 1980. Le texte qu'on va lire, tiré de *Sous ma casquette amarante*, est un extrait de la réélaboration de cet entretien. C'est, comme on verra, un petit chef-d'œuvre de prose d'art, à placer à côté des souvenirs de Nerval. Le cours tranquille et transparent du récit est en même temps une mélodie insaisissable (voyez les dernières phrases), dans une tonalité encore jamais entendue, sans remplissage, sans une fausse note. Cet art de poétiser la narration est une réussite magistrale.

ARTINE ET LES TRANSPARENTS

[...]

«*Artine* s'est faite à partir de deux personnages : cette jeune morte noyée, Lola Abba, et la jeune fille que j'avais rencontrée, trois ou quatre ans auparavant, sur la pelouse d'un hippodrome, lieu fascinant entre tous, que je fréquentais comme une terre magnétique[1]. Quand j'étais jeune homme, à peine sorti de l'adolescence, j'allais souvent aux courses de chevaux, et généralement seul. Je me vois encore debout, appuyé contre la barrière du pesage, quand une jeune fille très blonde, de celles qu'on dit adorables, vint s'accouder à côté de moi. Elle me sourit. L'un vers l'autre nous nous sommes penchés et nous nous sommes embrassés. Mais son père l'appela, agressif, et j'eus beau la chercher dans la foule, je ne la retrouvai plus. La cloche retentit. Les nobles chevaux se rendaient au départ. Les gros parieurs avertis se précipitaient aux guichets. Il me resta l'impression très vive de ce qui aurait pu avoir lieu et n'avait été qu'esquissé. Bien plus tard, alors que je ne songeais plus à elle, je l'aperçus en compagnie de sa mère dans un cabriolet qui trottait sur la route d'Avignon. C'était l'époque des jeunes filles à larges rubans ; toujours ils flottaient autour de la taille et les pans du nœud, simulé ou réel, descendaient à l'appel d'une cuisse. Les mères étaient plus belles encore que leurs filles parce qu'elles avaient simplifié le costume. Aussi l'écart des âges se marquait-il par cette différence. L'une approchait de ses vingt ans, l'autre de ses quarante ans. La mère conduisait. Mais d'elle, cintrée dans un tailleur pied de poule, rien ne prenait le vent, tandis qu'avec sa fille tout volait et battait l'air, jusqu'à la croupe du petit cheval. Et le ciel approuvait, et les arbres. Deux

1. *hippodrome* [...] *une terre magnétique* : cette attraction des hippodromes était amour pour les *«nobles chevaux»* ; pour un œil artiste, le corps du cheval est aussi privilégié que le corps humain ; c'est un objet esthétique naturel. Pendant sa folle jeunesse, Char poussa l'esthétisme jusqu'à exercer quelque temps le métier de bookmaker amateur.

ans plus tard, quelqu'un me délivra son nom : elle se mariait. Le titre de *Ralentir travaux*, écrit en 1930 dans le Vaucluse, avec Breton et Eluard[1], a été trouvé sur la route de Caumont-sur-Durance, à quelques mètres de sa demeure, sans qu'il fût question une seconde d'elle. Quand Breton me demanda un texte traitant de la survivance de l'imprécation dans l'inespéré, je pensai d'abord lui offrir un poème que je venais d'achever, qui avait un rapport avec la jeune fille de l'hippodrome et avec Lola Abba. Mais, à la réflexion, je remis mon bon geste à plus tard. Depuis, cette Artine m'a par intermittence accompagné. Elle n'a jamais été réduite en cendres. Elle apparut sous différents aspects aux abords de l'invisible, la passante sur l'horizon, le cou dégagé. Ainsi à Céreste, en 1943, alors que je sortais d'une cache dans le vieux village[2], une jeune bohémienne gravissait les marches de l'escalier de la ruelle, à ma soudaine frayeur, puisque le costume merveilleux qu'elle portait signifiait un grand danger pour elle, les tsiganes et les romanichels étant systématiquement exterminés par les Allemands. Elle était flambant neuve, dans des tons vert et rose avec un voile gris pâle à liséré safran. À un mètre de moi elle leva les yeux. Je ressentis cette fulgurance qu'on a devant un événement préfiguré et résolu sur l'heure. Sans un mot, j'avançai vers elle une main qu'elle me prit, et la cache cessa d'être une cache pour devenir une chambre d'amour. Quand elle repartit, je l'écoutai, les paupières baissées, disparaître parmi les pierres et l'auréole de ce jour. En 1943 cette jeune bohémienne était sœur de Lola Abba et de Françoise de M[3]. J'ajoutai au poème d'*Artine*

1. *Le titre de* Ralentir travaux [...] *avec Breton et Eluard* : sous la triple signature de Breton, Char et Eluard, *Ralentir travaux* a paru en 1930 aux Éditions surréalistes.

2. *en 1943* [...] *dans le vieux village* : lors même de l'investissement du village par les SS qui recherchaient Char, comme on l'a vu dans les *Feuillets d'Hypnos*, § 128 (cf. pp. 155-156) ; ces deux êtres qui venaient d'échapper à la mort tombèrent dans les bras l'un de l'autre.

3. *Françoise de M.* : c'est la jeune fille en cabriolet qu'on a vue plus haut (l. 19).

une page qui lui appartenait mais qui resterait blanche. C'est ainsi que se compose cette sorte de "Constituante", dont le président est le Temps, qui devient une assemblée de poèmes en un seul poème inextinguible. Plusieurs fois encore apparut cette hôtesse de mes sillons exhaustifs à travers les silhouettes réunies par des givres de rencontre, elles ne furent jamais tarissables. Un monde mûrissait là, grappe de baisers saignants. Rien ne sert d'expliquer, il faut mourir à point, laisser à jamais le poème après être né avec lui. La tache brillante continuera à se déplacer dans notre regard tel le nuage dans le persuasif arc-en-ciel.

– *Anna Akhmatova*[1]*, écartant tout commentaire, dit à propos du* Poème sans héros *et du* Requiem *: "... Je ne le modifierai pas, ni ne l'expliquerai. C'est écrit comme c'est écrit."*

– Sommes-nous devant une scène d'explication ? Mais on ne veut pas expliquer, la nuit s'étendra toujours assez tôt sur elle avec son ballet d'encre et de lumières. On écrit sous la tourmente, et la force qui nous déporte nous oblige à des désespoirs institués. À d'autres moments, de même qu'un être admiré vous accorde un double sourire, que vous n'espériez pas, de même la poésie nous donne le visage achevé de deux déesses enfin réunies. Elle arrive au bord de la divagation, mais ne la franchit pas. L'esprit ne peut guère perdre sans regret la sensation du bien-être. La poésie à mi-chemin n'est pas la liberté. Vérité et liberté ont sans cuisson des rapports d'intolérance. Mais subitement elles ne font qu'une, et à cet instant elles sont la beauté, le campanile[2] percé par l'orgie du vent, et qui ne faiblit pas sous la domination.

– *Dans quelle circonstance cela survient-il ?*

---

1. *Anna Akhmatova* : grande poétesse russe (1889-1966), très admirée de Char.
2. *le campanile* : beaucoup d'églises de Provence, dont celles du Thor et de Céreste, ont un clocher de pierre tronqué, surmonté d'un campanile en fer forgé ; les cloches sont ainsi suspendues dans une espèce de cage faite d'une dentelle de fer, aussi légère et *creuse* (in *Allégeance*) qu'on peut l'imaginer, mais qui résiste à toutes les bourrasques.

– Lorsque, parmi nous, se trouve un être porteur de frissons.

– *Vous avez écrit aux alentours de 1937 que vous cherchiez, dans les êtres "non pas un écho de* [votre] *anxiété ou de* [votre] *ferveur, mais ces contrastes et ces vertiges sans lesquels le regard souverain n'existerait pas". Avez-vous rencontré cet être de contradiction?*

– Oui et non. C'est l'aventure de la lune bien éclairée par le soleil, en pleine nuit. On rêve de cet attouchement... Je l'ai vue ainsi hier, cette lune ; en ce moment elle est, à son insu, sublime. Mais ce n'était pas la clarté de la lune que je recevais, c'était la lumière vivante, morcelable et planchéiée[1] du soleil sur la lune, tel un lumineux chrysanthème : ce que le soleil visait et atteignait dans sa chevauchée délibérée, c'était le miroir mortuaire des terrestres. Elle était jaune soufre, irradiant le chagrin d'une puissance extraordinaire, transfigurée, et il me semblait voir le visage grêlé du soleil dans des milliards d'années, tant elle lui obéissait avec droiture. Elle avait perdu son côté sournois, et elle me plaisait bien, cette Joconde, baignant dans un arsenic inoffensif et voluptueux.

– *Pourquoi les Transparents*[2]*, vagabonds lunisolaires?*

– Une transparence jumelle de celle que nous évoquons, et c'est elle qui m'amène à parler d'eux, en ces lieux de concorde où ces gens ayant bu à la même source – peu la découvriront – savent comment il faut se mettre à genoux, prendre l'eau dans ses mains pour en perdre le moins possible, jusqu'à la gorgée rayonnante. L'adolescent que j'étais s'est mis à la recherche de l'équivalent, ou cet équivalent s'est plu à m'adopter passagèrement... À certaines heures, je trépignais, il me

1. *la lumière vivante, morcelable et planchéiée* : lumière vivante, *bien que* morcelée et réduite à l'état de plancher, ce qui n'est pas un éloge ; Char détestait les planches et aussi tout ce qui est morcelé, divisible, énumérable, discursif, intellectuel ; il préférait l'éclat indivisible du soleil.
2. *les Transparents* : sur les Transparents, voir la note 2 de *Suzerain*, p. 127.

fallait passer et je ne le pouvais pas, mais d'attentifs alliés[1] me donnaient le lingot de passe.

– Ces hommes singuliers circulaient dans votre pays d'un mouvement assez semblable à celui de la terre autour du soleil.

– En cette fin de printemps pluvieux ils seraient chaussés de souliers robustes quoique craquelés provenant de vieux stocks de guerre. Chez Diane, les attendent des babouches tressées avec des feuilles séchées de millet blanc. Notre vitesse initiale et les détails de nous-mêmes, sous les talons de la poésie, deviennent poussière aurifère entre les pattes de guêpes maçonnes qui travaillent dans les angles de fenêtres...

– Diane était le contraire d'une maîtresse guêpe. Elle était... L'avez-vous approchée ?

– Je ne l'ai pas, pour mon goût, suffisamment entourée, mais cependant je l'ai bien retenue. Elle avait une façon très personnelle de demeurer fréquemment seule dans un endroit égayé de marguerites, de coton de peuplier, de vestiges pacifiants, d'autres menues fleurs, à quelques mètres d'une anse de la Sorgue. Diane ensuite ne quittait pas la maison, qu'avec minutie elle appropriait, réparant des effets usagés d'homme, lavant du linge aux couleurs mourantes. À la Saint-Barnabé elle disposait sous les fenêtres belles-de-nuit et œillets sauvages. Les jours de soleil elle chantait et les matins de brume elle fredonnait des airs qui m'échappaient. Le lait, la châtaigne, l'œuf dur, revenaient souvent sous ses doigts gracieux. Une tranche de pain se parait d'un copeau de beurre et d'une barre de chocolat, deux figues sèches étaient tirées de la poche d'une blouse-tablier. J'ai entendu ou aperçu alentour quatre poules et un coq en liberté. Un câprier épanchait le charme de son odeur piquante au midi de la maison. Les seules visites que Diane recevait étaient celles de ses amis les Transparents qui ne se cachaient

1. *d'attentifs alliés* : semblables à l'« *Ami silencieux* » de *Suzerain* (cf. note 3, p. 127) ; c'est dire que ces alliés (comme ceux du troisième vers du *Visage nuptial*, p. 35) ne sont autres que René Char lui-même.

pas de la courtiser et de l'affectionner. On la caressait, lui donnait des baisers, puis on disparaissait dans l'escalier et le silence était franchement nu. Je prenais aussitôt mes distances par crainte d'être chassé.

– *Et l'on vous chassa ?*

– Il m'arrivait de pêcher dans un des bras de la rivière, l'un des plus déshérités qui fût. Je me mettais torse à l'air, le bord de mes culottes de coutil relevé. Sur une distance de cent mètres je fouillais l'eau trop froide[1], glissais mes mains, doigts rapprochés, sous les racines jusqu'à ce que je sente le ventre d'un poisson palpiter. J'avançais doucement, caressant ses ouïes, puis brusquement je serrais. Pêche cruelle ! Le courant me mouillait jusqu'aux oreilles. Diane était bien la seule que ce jeu amusât. Elle me proposait d'arrêter là ma baignade et de venir me sécher par son tablier. Je feignais de ne pas entendre. Elle enveloppait d'herbe le mulet-cabot dont elle était la bénéficiaire et s'éloignait mi-féline, mi-boudeuse dans la direction opposée à celle où ma chemise et mes souliers dénonçaient mon enfance qui finissait. Deux rousserolles dans l'îlot voisin, portaient aux nues leur empire d'iris et de roseaux. J'aimais leur chant dix fois plus substantiel, propagé et défripé que celui de la plupart des oiseaux riverains. "Ce que femme veut, Dieu l'oublie !" disait encore, à portée de voix, Diane comédienne. J'avais remarqué dès le premier jour sa chevelure barbare et bien rincée, sans un cheveu blanc, qui pourtant l'aurait embellie, et sa gorge haute sous une couture surjetée[2].

J'ai, durant deux étés, approché les Transparents, je leur ai lancé mon salut, et j'ai reçu le leur. Les yeux vert jade de Diane, au fur et à mesure des jours, des occasions, des rapprochements, avaient promené l'incidence de leurs rayons sur le gamin que je cessais d'être. Une fraxi-

1. *l'eau trop froide* : quatorze degrés au mois d'août.
2. *sous une couture surjetée* : Char s'est toujours intéressé aux travaux d'aiguille, qui sont féminins et minutieux comme ceux des poètes ; car il y a une femme dans le poète, admit-il un jour.

nelle fleurissait dans la cour. Nous étions au mois de juillet. La présence fiévreuse de l'univers grandissait. Elle était Diane la Transparente et elle était la femme aux offrandes opaques et spacieuses. Diane devait à quelques dieux de l'avoir escortée, mais sans user de persuasion ; ils se reposaient à présent non loin d'elle, dans le micocoulier grec, seul arbre qui jetât de l'ombre sur la fenêtre de sa chambre. Pour moi qui me sentais à l'étroit dans ma famille, m'embrouillait que Diane demeurât fidèle de cœur à ses compagnons. Jamais leur attitude ne varia. Je venais d'avoir quatorze ans et Diane n'avait que l'âge du désir qu'elle suscitait.
Je vivais à son appel, pêcheur de misère et baladin inquiétant, et c'était délicieux. Louis Curel[1], homme d'expérience qui avait eu des égards pour elle, me souffla un soir : "Une seule femme au milieu de ces marcheurs de lune ! Et loyaux avec elle encore ! Diane est un ange charnel." Il hésita : "Mais elle ne sait certainement pas ce qu'est un ange !"
Eux, les Transparents, se hâtant sur les flexures[2], poursuivaient une légitimité insaisissable avec laquelle le soleil avait peut-être réussi à commercer. Vivre et mourir avait là-bas son estuaire de liberté. Je le rejoindrai au-delà de ma silhouette de demain. Cette nuit qui dure montait dans l'espace comme un sourd-muet compte ses pas dans le désert. »

Sous ma casquette amarante (1980).

---

1. *Louis Curel* : le héros du grand poème *Louis Curel de la Sorgue* (cf. p. 63).
2. *flexures* : demi-cassures qui peuvent se produire dans une strate géologique : continuité et rupture à la fois. De même, on l'a vu, les Transparents sont lunisolaires ; à mi-chemin, donc, de la réalité prosaïque et d'un monde poétique. Transparents (car l'Utile ne découpe pas leur silhouette aux yeux de leurs semblables), ces marginaux ne sont cependant pas invisibles dans la vraie Nuit.

Questions

Un moyen d'approcher une narration comme Artine... *est de la mettre en scène d'une manière quelconque. La grande difficulté – chacun le devine – est de sauvegarder ce que le texte a d'irréel. Considérons les* « Transparents » : *dans le Vaucluse des années 1920, c'étaient de pauvres gens qui gagnaient leur vie comme bateleurs, rempailleurs de chaises... Ils sont encore cela dans* Artine, *bien que le texte le laisse entendre plus qu'il ne le dit ; mais ils sont davantage : des êtres aussi fantaisistes ou fantastiques que des lutins, et aussi des personnages plus qu'humains ; ils sont* « lunisolaires », *et, s'ils se déplacent, c'est sur des* « flexures » *(cf. note 2, p. 175) souterraines. Char aime ennoblir ses plus humbles personnages ; on l'a vu avec* Courbet : Les Casseurs de cailloux *ou avec* Dépendance de l'adieu. *Une très belle pièce de théâtre – écrite en une langue parfaitement claire –,* Le Soleil des eaux, *atteste ce goût qu'avait Char de rehausser tous ses personnages (adversaires compris) ; après une excellente mise en scène télévisée de ce drame, une spectatrice disait :* « On se sent grandi. »

Mise en images

1. *Alors, si vous étiez photographe, metteur en scène ou auteur de théâtre, laisseriez-vous aux Transparents leurs pauvres habits ou les revêtiriez-vous de magnifiques costumes de fantaisie, comme pour une comédie shakespearienne ? Et quelle robe dessineriez-vous pour Diane, étant entendu que son corsage avait une* « couture surjetée » *?*

2. *Imaginez ou réalisez une mise en scène cinématographique, un scénario ou une série de photographies pour* Artine et les Transparents ; *ou imaginez le dialogue entre Diane et les Transparents, Diane et le jeune garçon. Ou encore, lisez* Le Soleil des eaux *et imaginez Louis Curel faisant la cour à Diane (cf. p. 175, l. 206-211).*

« APHORISMES »

NOTICE

Sous le terme impropre d'*aphorismes*, que l'usage a consacré, sont réunis ici des textes brefs dont certains sont en prose et d'autres, pour parler comme leur auteur, en *« vers aphoristiques »*.

La plupart de ces textes sont, en effet, de minuscules poèmes, sinon des vers proprement dits ; tantôt leur style est une diction poétique ornée, tantôt ils vivent d'une image qui a le pouvoir éclairant et la rapidité intuitive de la foudre : *« L'encre du tisonnier et la rougeur du nuage ne font qu'un. »* Poésie et pensée, elles aussi, se rejoignent dans cette rapidité d'esprit qui frappait les auditeurs de Char.

Poète intelligent s'il en fut, Char a une pensée cohérente, personnelle, spontanément métaphysicienne, en marge des courants idéologiques d'hier, moins de ceux d'aujourd'hui. L'amateur de poésie, lui, sera sensible à l'accent personnel et très intériorisé de cet homme qui a vécu sa méditation. Méditation elle-même poétique, puisque son départ et son arrivée sont la conviction qu'on ne fait pas droit à toute la pensée si l'on n'admet pas que toute idée claire masque un inconnu qui a plus de prix que la réalité. Nul n'est tenu de partager cette opinion ni d'adopter cette attitude ; mais l'occasion est ici donnée de savoir que l'une et l'autre existent et qu'il faut ne pas l'oublier, si du moins on veut se faire une idée moins incomplète de la condition humaine.

Gardons-nous de faire de Char un moraliste, un Albert Camus poète ; son œuvre ne prétend pas montrer la voie, elle voudrait surtout susciter une nostalgie ; la morale, l'action, en découlent et suivront.

Le mot d'*aphorisme* est d'autant plus trompeur que beaucoup de ces textes, surtout parmi les plus récents, ne sont pas des maximes de portée générale, mais des notations de journal intime, par lesquelles Char consignait son état d'âme du moment ou ses difficultés d'écriture. Nous en donnons un seul exemple, qui est le texte qu'on trouvera en premier.

Si l'angoisse qui nous évide[1] abandonnait sa grotte glacée, si l'amante dans notre cœur[2] arrêtait la pluie de fourmis, le Chant reprendrait.

Nous avons (1959),
in *Quitter*,
in *La Parole en archipel*.

Le poème est l'amour réalisé du désir demeuré désir[3].

Partage formel, XXX,
in *Seuls demeurent* (1938-1944),
in *Fureur et Mystère*.

Mourir, ce n'est jamais que contraindre sa conscience, au moment même où elle s'abolit, à prendre congé de quelques quartiers physiques actifs ou somnolents d'un corps qui nous fut passablement étranger puisque sa connaissance ne nous vint qu'au travers d'expédients mesquins et sporadiques. Gros bourg sans grâce au brouhaha duquel s'employaient des habitants modérés...

---

1. *l'angoisse qui nous évide* : l'angoisse de la mort (cf. *Déclarer son nom*, p. 126).
2. *si l'amante dans notre cœur* : si l'amour de la Beauté parvenait de nouveau à nous rendre indifférent aux mille soins et soucis de chaque jour. C'est une notation de journal intime, relatant, vers 1960, l'état d'âme d'un moment où la peur de la mort, loin de pousser à s'absorber dans l'écriture, paralyse au contraire le travail du poète.
3. *Le poème* [...] *demeuré désir* : ce qui ne signifie pas que le désir de poésie est inextinguible, mais que ce désir demeure simple désir et, à son grand chagrin, ne parvient jamais à être vécu comme la plénitude de l'Amour même : l'homme, imparfait, n'a que le désir, la nostalgie de la perfection et de l'Amour ; seule l'œuvre d'art incarne la perfection et la plénitude ; nos œuvres nous donnent l'idée d'une intensité totale qui reste refusée à notre désir. Il s'ensuit qu'à peine un poème est-il écrit que son auteur le « perd » : l'œuvre, meilleure que lui, se sépare de son créateur, qui, lui, reste imparfait et trop humain. C'est pourquoi le désir d'écrire renaîtra bientôt en lui. Comparer *L'Éclairage du pénitencier*, p. 141.

Et au-dessus de cet atroce hermétisme[1] s'élançait une colonne d'ombre à face voûtée, endolorie et à demi aveugle, de loin en loin – ô bonheur – scalpée par la foudre[2].

PARTAGE FORMEL, XXVI,
ibidem.

Toute respiration propose un règne : la tâche de persécuter, la décision de maintenir, la fougue de rendre libre. Le poète partage dans l'innocence et dans la pauvreté la condition des uns, condamne et rejette l'arbitraire des autres.
Toute respiration propose un règne : jusqu'à ce que soit rempli le destin de cette tête monotype[3] qui pleure, s'obstine et se dégage pour se briser dans l'infini, hure de l'imaginaire[4].

PARTAGE FORMEL, L,
ibidem.

Certaines époques de la condition de l'homme subissent l'assaut glacé d'un mal qui prend appui sur les points les plus déshonorés de la nature humaine. Au centre de cet ouragan, le poète complétera par le refus de soi le sens de son message, puis se joindra au parti de ceux qui, ayant ôté à la souffrance son masque de légitimité, assurent le retour éternel de l'entêté portefaix, passeur de justice.

PARTAGE FORMEL, LI,
ibidem.

1. *de cet atroce hermétisme* : de cette alchimie à rebours, qui change la liberté en pesanteur.
2. *scalpée par la foudre* : sur la foudre, image de l'intuition extatique, voir, p. 105, *Effacement du peuplier* et, p. 180, l'aphorisme *« l'éclair me dure »*.
3. *monotype* : dans le vocabulaire des graveurs, c'est une gravure tirée à un seul exemplaire.
4. *l'infini, hure de l'imaginaire* : l'infini n'est que la plus frappante des inventions de l'imagination.

La plupart des hommes sont voués à l'entrain de l'obéissance. Sitôt qu'ils découvrent ou conçoivent au loin une servitude repeinte, leur patron sera celui qui concentrera dans ses mains les ponctuelles besognes dépeçantes[1]. Nous n'avons cessé d'assister à cela. Charme bizarre : sans renoncer à l'espoir !

Venelles dans l'année 1978,
in *Tous partis !*, I,
in *Fenêtres dormantes et Porte sur le toit*, IV (1979).

PAUSE AU CHÂTEAU CLOAQUE

[...]
Nous ne jalousons pas les dieux, nous ne les servons pas, ne les craignons pas, mais au péril de notre vie nous attestons leur existence multiple, et nous nous émouvons d'être de leur élevage aventureux lorsque cesse leur souvenir[2].
[...]

Retour amont (1965),
in *Le Nu perdu.*

L'éclair me dure[3].

La bibliothèque est en feu (1956),
in *La Parole en archipel.*

1. *les ponctuelles besognes dépeçantes* : le travail, l'économie, l'exploitation des ressources naturelles.
2. *lorsque cesse leur souvenir* : lorsque la société humaine cesse de se souvenir de certaines valeurs capitales.
3. *L'éclair me dure* : la foudre est la perception soudaine d'une vérité en un état extatique (l'exemple classique en est le foudroiement de saint Paul sur le chemin de Damas) ; Char nous confiait que l'éclair le maintenait parfois terrassé pendant de longues minutes et l'épouvantait toujours.

Ce qui vient au monde pour ne rien troubler[1] ne mérite ni égards ni patience.

À LA SANTÉ DU SERPENT, VII,
in LE POÈME PULVÉRISÉ (1945-1947),
in FUREUR ET MYSTÈRE.

Ne te courbe que pour aimer[2]. Si tu meurs, tu aimes encore.

À LA SANTÉ DU SERPENT, XX,
ibidem.

Néglige ceux aux yeux de qui l'homme passe pour n'être qu'une étape de la couleur sur le dos tourmenté de la terre. Qu'ils évident leur longue remontrance. L'encre du tisonnier et la rougeur du nuage ne font qu'un[3].

À LA SANTÉ DU SERPENT, XXII,
ibidem.

---

1. *Ce qui vient* [...] *rien troubler* : l'opinion contraire rejetterait ce qui vient au monde pour ne rien remettre en ordre, pour ne rien organiser, pour ne planifier aucun *« projet calculé »*.
2. *Ne te courbe que pour aimer* : ne redescends vers les choses terrestres, quelles qu'elles soient, que si elles comportent l'Amour ; tu peux t'incliner vers le sol pour y aimer la flore et la faune, tu peux redescendre de ta solitude, si c'est pour faire de la Résistance...
3. *L'encre du tisonnier* [...] *ne font qu'un* : quelqu'un écrit ; il médite devant sa cheminée (où le tisonnier, chauffé au rouge, se couvrira, une fois refroidi, d'un oxyde noir comme de l'encre) ; sa méditation est une partie de la gigantesque pensée qu'on voit à l'œuvre dans l'évolution naturelle. Ce n'est pas là de l'idéalisme, contre le matérialisme, mais une certaine philosophie de la nature. De nos jours, certains biologistes estiment que, dans l'évolution des espèces vivantes et dans l'échelle des êtres qui va de l'atome à l'homme, une sorte d'intention, de pensée, semble à l'œuvre.

Si nous habitons un éclair, il est le cœur de l'éternel[1].

À LA SANTÉ DU SERPENT, XXIV,
ibidem.

L'obsession de la moisson et l'indifférence à l'Histoire sont les deux extrémités de mon arc.
L'ennemi le plus sournois est l'actualité[2].

À UNE SÉRÉNITÉ CRISPÉE (1951),
in RECHERCHE DE LA BASE ET DU SOMMET, IV.

On ne partage pas ses gouffres avec autrui, seulement ses chaises[3].

VENELLES DANS L'ANNÉE 1978,
in *TOUS PARTIS!*, I,
in *FENÊTRES DORMANTES ET PORTE SUR LE TOIT*, IV (1979).

Faire un poème, c'est prendre possession d'un au-delà

1. *Si nous habitons* [...] *l'éternel* : ces mots sont gravés sur la tombe du poète, à L'Isle-sur-Sorgue. Ils sont la relation d'une extase extrême, qui correspond au *« mariage spirituel »* selon sainte Thérèse (in *Château de l'âme ou Livre des demeures*, VII, 2) : entrée soudaine (*« On dirait qu'un éclair passe, ou un coup de tonnerre »*, VI, 2) dans un état durable de fusion totale avec l'absolu au centre de l'âme.
2. *L'ennemi* [...] *l'actualité* : comme artiste, il faut se garder des modes et dogmes esthétiques. Vers 1950, la mode prétendait que toute peinture devait désormais être non figurative et que le sens de l'Histoire l'exigeait. Char encouragea alors le grand peintre Nicolas de Staël (1914-1955), son meilleur ami, à refuser ce dogme et à devenir lui-même.
3. *On ne partage pas* [...] *chaises* : les *gouffres* sont les énigmes angoissantes et sans réponse qui nous tourmentent ; on ne peut communiquer à autrui un tourment qu'il ne ressent pas de lui-même ; ce qu'on pourrait en dire serait illusoire, et l'on n'aurait fait qu'éventer le sentiment.

nuptial qui se trouve bien dans cette vie, très rattaché à elle[1], et cependant à proximité des urnes de la mort.

NOUS AVONS (1959),
in *QUITTER*,
in *LA PAROLE EN ARCHIPEL*.

Il faut s'établir à l'extérieur de soi, au bord des larmes et dans l'orbite des famines[2], si nous voulons que quelque chose hors du commun se produise, qui n'était que pour nous[3].

NOUS AVONS (1959),
ibidem.

Les dieux sont dans la métaphore. Happée par le

1. *très rattaché à elle* : chose parfaite et inutile, pures délices ou plutôt félicité entrevue, l'œuvre d'art semble étrangère à notre monde informe et pourtant rigoureusement déterminé – ce monde que Char appelait le *« chaos de la précision »* (in *La Plaine*) ; mais il ne s'ensuit pas qu'elle soit étrangère aux joies et aux souffrances de ce monde. La poésie n'est pas fuite dans l'imaginaire ni divertissement pascalien.
2. *dans l'orbite des famines* : le poète est un artisan : poétiser ne consiste pas à s'écouter, à s'exprimer, mais à *fabriquer* quelque chose ; un artisan ne vide pas son cœur : il sort de lui-même. Et pourtant, l'artisan-poète doit avoir en lui une source de larmes d'amour pour la Beauté (car telles sont les larmes en question) et il doit aussi rester sur la voie de la commune humanité et de ses aspirations (ou *famines*).
3. *quelque chose hors du commun* [...] *que pour nous* : ce *« quelque chose hors du commun »* est l'œuvre d'art. Et chaque œuvre d'art est propre à son auteur, qui sent qu'elle est son enfant, que lui seul pouvait faire. C'est une particularité de la création artistique ou intellectuelle : parmi les millions d'objets ou d'idées qui se présentent à lui, tout à coup, le créateur sent qu'un certain objet, prochain sujet de poème, était fait pour lui, lui est consubstantiel, est comme une vocation, correspond à sa personnalité. Choix aussi inexplicable que le choix amoureux. Char écrit ailleurs que *« le poème est toujours marié à quelqu'un »* et il vient de parler d'un *« au-delà nuptial »*.

brusque écart, la poésie s'augmente d'un au-delà sans tutelle[1].

À FAULX CONTENTE (1974).

Le poète recommande : « Penchez-vous, penchez-vous davantage. » Il ne sort pas toujours indemne de sa page, mais comme le pauvre il sait tirer parti de l'éternité d'une olive.

PARTAGE FORMEL, XLVIII,
in *SEULS DEMEURENT* (1938-1944),
in *FUREUR ET MYSTÈRE*.

Il n'y a pas de repli[2] ; seulement une patience millénaire sur laquelle nous sommes appuyés.

LES DENTELLES DE MONTMIRAIL[3] (1960),
in *QUITTER*,
in *LA PAROLE EN ARCHIPEL*.

Il semble que ce soit le ciel[4] qui ait le dernier mot. Mais il le prononce à voix si basse que nul ne l'entend jamais.

LES DENTELLES DE MONTMIRAIL (1960),
ibidem.

---

1. *Happée* [...] *sans tutelle* : il y a un grand *écart* entre l'étrange rivière de la chanson de *La Sorgue*, qui est une invention libre, « *sans tutelle* », au-delà du réel, et les rivières réelles. – Les *dieux* n'existent que par *métaphore*.
2. *Il n'y a pas de repli* : dans les consolations d'une religion, par exemple.
3. *Les Dentelles de Montmirail* : cf. notes 1 et 2, p. 185.
4. *Il semble que ce soit le ciel* : malgré les contraintes que fait peser la « terre » sur le cours de l'Histoire, ce cours est décidé par les événements souvent inattendus qui tombent du *ciel*. Le destin de l'aventure humaine reste inconnu.

L'écriture d'un bleu fanal, pressée, dentelée, intrépide, du Ventoux alors enfant, courait toujours sur l'horizon de Montmirail qu'à tout moment notre amour m'apportait, m'enlevait[1].

Ibidem.

Des débris de rois d'une inexpugnable férocité[2].

Ibidem.

Comment dire ma liberté, ma surprise, au terme de mille détours : il n'y a pas de fond, il n'y a pas de plafond[3].

La bibliothèque est en feu (1956),
in *La bibliothèque est en feu et autres poèmes*,
in *La Parole en archipel*.

1. *L'écriture* [...] *m'enlevait* : voir la photographie de la p. 113 et le poème intitulé *Le Thor*, p. 123. Le poète enfant pouvait voir à l'horizon se déployer les bizarres *Dentelles de Montmirail*, suite discontinue de hautes lames verticales de calcaire, et, par derrière et bien plus haut, la pyramide du Ventoux. Cela se confondait un peu, dans son esprit, avec l'existence de certains objets qui tranchaient à ses yeux sur le spectacle du monde et qui exerçaient déjà sur lui, par moments, une fascination amoureuse.
2. *Des débris* [...] *férocité* : ces débris, féroces comme les affres de l'écriture, d'un *« géant désagrégé »* (in *J'habite une douleur*) sont les Dentelles de Montmirail. Pour les confidents du poète, il ne fait guère de doute que ces débris sont aussi les poèmes, quels qu'ils soient, les œuvres d'art : l'art n'existe que par ses débris ; Char le disait et en souffrait. Quand on se passionne pour un domaine idéal, on éprouve bientôt le sentiment que la chose même est inaccessible et d'une autre nature que ce qu'on peut en arracher et qui n'est que fragments, que pépins de la Grenade cosmique (cf. *Envoûtement à la Renardière*). D'où l'insatisfaction finale de beaucoup d'artistes, qui en concluent à l'insuffisance de leur œuvre.
3. *il n'y a pas de plafond* : c'est l'impression d'un moment d'ivresse dionysiaque, où Char éprouve un sentiment de totale liberté.

L'intensité est silencieuse. Son image ne l'est pas. (J'aime qui m'éblouit puis accentue l'obscur[1] à l'intérieur de moi.)

Rougeur des matinaux, VII (1949),
in *Les Matinaux*.

C'est le peu qui est réellement tout. Le peu occupe une place immense. Il nous accepte indisponibles[2].

Volets tirés fendus,
in *Vers aphoristiques*,
in *La Nuit talismanique qui brillait dans son cercle* (1972).

La présence du désir comme celle du dieu ignore le philosophe. En revanche le philosophe châtie[3].

Feuillets d'Hypnos, § 202 (1943-1944),
in *Fureur et Mystère*.

...Nous sommes d'une lignée qui se sent à l'étroit dans des sommations strictement intellectuelles. L'hérésie secoue tôt la vaniteuse orthodoxie.

Impressions anciennes (1950, 1952, 1964),
in *Grands Astreignants ou la Conversation souveraine*,
in *Recherche de la base et du sommet*, III.

1. *l'obscur* : l'obscurité, le silence, c'est la même chose ; l'intensité ne se trouve que dans l'obscur, dont nous ne pouvons rien dire ; tout l'art est de trouver des mots, fatalement précis, qui nous replongent pourtant dans cet inconnu.
2. *Il nous accepte indisponibles* : les *Feuillets d'Hypnos* montrent comment, pendant les années de guerre où l'on est peu disponible, la pensée d'un idéal lointain peut ne pas nous quitter. En effet, nos valeurs suprêmes, beauté, religion, etc., vivent dans l'amour que nous couvons pour elles plus qu'elles ne remplissent nos journées, qui sont absorbées par des obligations indifférentes ; à observer ce que font les hommes, on ne découvrirait pas ce qui compte vraiment pour eux.
3. *le philosophe châtie* : la philosophie *châtie* l'obscur au nom de la clarté et censure ou ignore le désir au nom des valeurs ; pour elle, les poètes, disait Char, ne sont guère que des sorciers de l'obscur.

Le poète est la partie de l'homme réfractaire aux projets calculés.

Bandeau de *FUREUR ET MYSTÈRE* (1948).

Supprimer l'éloignement tue. Les dieux ne meurent que d'être parmi nous.

L'ÂGE CASSANT (1963-1965),
in *RECHERCHE DE LA BASE ET DU SOMMET*, V.

Comment vivre sans inconnu devant soi ?

ARGUMENT du *POÈME PULVÉRISÉ* (1947),
in *FUREUR ET MYSTÈRE*.

DATES	ÉVÉNEMENTS HISTORIQUES	ÉVÉNEMENTS CULTURELS
1863		
1865		
1869		
1885		
1886	Le général Boulanger est nommé ministre de la Guerre.	*Illuminations* de Rimbaud. *Le Baiser* de Rodin.
1888	Émission du premier emprunt russe sur la place de Paris. GuillaumeII, empereur d'Allemagne.	Mort de Charles Cros. *L'Antéchrist* de Nietzsche. *Autoportrait au chevalet* de Van Gogh.
1889		
1893		
1898	« *J'accuse* » de Zola : début de l'affaire Dreyfus.	
1900		Exposition universelle à Paris. *L'Interprétation des rêves* (tr. franç.) de Freud.
1903		*Typhon* de Conrad.
1907	ÉdouardVII rend visite au tsar NicolasII et scelle la triple entente entre l'Angleterre, la France et la Russie (14 juin).	*Les Demoiselles d'Avignon* de Picasso. Kipling, prix Nobel de littérature.
1908		*Maisons à l'Estaque* de Braque. *Notre Jeunesse* de Péguy.
1911	Accord franco-allemand sur la question marocaine.	Création des Éditions de la Nouvelle Revue Française. *Éloges* de Saint-John Perse. Naissance, à Munich, du mouvement d'avant-garde *« der blaue Reiter » (le cavalier bleu)* avec Kandinsky, Klee, Malévitch, Nolde... *Alcools* d'Apollinaire.
1913		*Locus Solus* de Roussel.
1914	Déclaration de la Première Guerre mondiale. Assassinat de Jaurès (31juillet).	
1916		*Introduction à la psychanalyse* (tr. franç.) de Freud.
1918	Signature de l'armistice entre la France et l'Allemagne à Rethondes (11 novembre). Slovènes, Serbes et Croates se détachent de l'Autriche.	*À l'ombre des jeunes filles en fleurs* de Proust. Mort d'Apollinaire. *Le Musicien* de Braque. Première exposition de Juan Miró à Barcelone.
1920	Congrès de Tours : création du P.C.F. (parti communiste français. Création de la Société des Nations à laquelle les États-Unis refusent d'adhérer.	Naissance de la revue *Commerce* fondée par Marguerite Caetanì, princesse de Bassiano, et dirigée par Paul Valéry, Valery Larbaud, Léon-Paul Fargue. *Les Champs magnétiques* de Breton et Soupault.
1924	Victoire du cartel des gauches en France (nov.). Gaston Doumergue, président de la République française (déc.). Mort de Lénine.	Breton et ses amis surréalistes publient le *Premier manifeste du Surréalisme.* *Mourir de ne pas mourir* d'Eluard.

VIE ET ŒUVRE DE CHAR	DATES
Naissance, à L'Isle-sur-Sorgue (Vaucluse), de Joseph-Émile Char.	1863
Naissance, à Cavaillon (Vaucluse), de Marie-Julie Rouget.	1865
Naissance, à Cavaillon, de Marie-Thérèse Armande Rouget, sœur cadette de Julia.	1869
Mariage de Joseph-Émile Char, négociant, et de Julia Rouget, qui meurt de tuberculose un an après, le 20 février 1886.	1885
	1886
Émile Char épouse en seconde noces Marie-Thérèse Rouget, sa jeune belle-sœur. Quatre enfants naissent de cette union.	1888
Julia naît à Cavaillon.	1889
Albert naît à L'Isle-sur-Sorgue.	1893
	1898
Émilienne naît à L'Isle-sur-Sorgue.	1900
	1903
14 juin : naissance de René-Émile Char, le seul à naître aux « Névons », vaste maison (située à L'Isle-sur-Sorgue) entourée d'un parc d'un hectare, où les grands-parents Rouget s'étaient installés. Char vivra son enfance aux Névons, lieu privilégié pour les jeux adolescents.	**1907**
	1908
	1911
	1913
	1914
15 janvier : mort du père, Émile Char, administrateur délégué des platrières de Vaucluse ; maire de L'Isle-sur-Sorgue, depuis 1905.	1916
	1918
	1920
	1924

DATES	ÉVÉNEMENTS HISTORIQUES	ÉVÉNEMENTS CULTURELS
1925		*La Ruée vers l'or* de Chaplin. Première exposition des surréalistes : Ernst, Arp, Miro, Man Ray, de Chirico.
1926	Ministère Poincaré.	*Capitale de la douleur* d'Eluard. Calder : premières sculptures en fil de fer.
1928	Pacte Briand-Kellogg par lequel les nations renoncent à la guerre (fév.).	*Le Surréalisme et la peinture* de Breton. *Nadja* de Breton. *Romancera gitan* de Garcia Lorca. *Traité du style* d'Aragon. *L'Opéra de quat'sous* de Brecht (musique de Kurt Weil).
1929	Début de la crise économique mondiale après le krach boursier de New York. Mort du maréchal Foch (déc.).	*Sources du vent* de Reverdy. *Un Chien andalou* de Buñuel. *Second manifeste du Surréalisme* de Breton. *La Femme 100 têtes* de Max Ernst.
1930	Évacuation de la Ruhr par les troupes françaises d'occupation. Élections générales en Allemagne. Forte ascension du national-socialisme.	*Corps et Biens* de Desnos. Suicide, à Moscou, du poète Vladimir Maïakovski.
1931	Proclamation de la République en Espagne.	*L'Homme sans qualités* de Musil. *M. le maudit* de Fritz Lang.
1932		
1933		Salon des Surindépendants où les surréalistes invitent Kandinsky.
1934	En France, affaire Stavisky ; soulèvement anti-parlementaire des ligues d'extrême-droite (6 février). En Allemagne, « Nuit des longs couteaux » : exécution (30 juin) du chef des S.A. Ernst Röhm sur ordre d'Hitler qui devient, à la mort d'Hindenburg (2 août), chancelier et chef du IIIe Reich.	*Le Nouvel Esprit scientifique* de Bachelard. Exposition au Musée de l'Orangerie sur les peintres de la réalité en France du XVIIe siècle.
1936	Victoire du Front populaire en France. Début de la guerre civile en Espagne.	Exposition sur Corot. *Les Temps modernes* de Chaplin. *Lulu* d'Alban Berg (opéra). *Nu rose* de Matisse.
1937		*Guernica* de Picasso.
1938	« *Anschluss* » : l'Allemagne envahit l'Autriche. Accords de Munich, favorables à Hitler. Fin de la guerre civile en Espagne : Franco, caudillo.	*Le Théâtre et son double* d'Artaud. *Noces* de Camus. Exposition internationale du surréalisme.
1939	Pacte germano-soviétique. Début de la Seconde Guerre mondiale.	Mort de Freud à Londres.

VIE ET ŒUVRE DE CHAR	DATES
Lecture de Plutarque, Villon, Racine, des romantiques allemands, de Vigny, Nerval, Baudelaire.	1925
	1926
Publication des *Cloches sur le cœur* aux éditions Le Rouge et le Noir, sous le nom de René-Émile Char.	1928
Publication, à L'Isle-sur-Sorgue, de la revue *Méridiens* (3 numéros seront publiés sous la direction de René-Émile Char). *Arsenal* à Nîmes. Adhésion au mouvement surréaliste (déc.). Collabore au n° 12 de *La Révolution surréaliste* avec le texte « Profession de foi du sujet ».	1929
Le Tombeau des secrets, Imprimerie Larguier à Nîmes. Collages de Breton et Eluard. Lecture des présocratiques, de Rimbaud, Lautréamont et des grands alchimistes. *Artine* aux Éditions surréalistes (librairie J. Corti), avec une gravure de Dali. *Ralentir travaux,* poèmes écrits en collaboration avec Breton et Eluard, aux Éditions surréalistes. *Le Surréalisme au service de la révolution,* n° 1 (juillet) : « Le Jour et la Nuit de la liberté (Hommage à D.A.F. de Sade) » ; n° 2 (octobre) : « Les Porcs en liberté ».	1930
Co-signature, avec les surréalistes, de plusieurs tracts : *L'Âge d'or,* à propos du film de Buñuel, violemment attaqué par les ligues d'extrême-droite ; *Ne visitez pas l'exposition coloniale ; Au feu,* au moment des premières luttes révolutionnaires en Espagne. *L'action de la justice est éteinte,* aux Éditions surréalistes (juillet).	1931
25 octobre : Char épouse Georgette Goldstein.	1932
	1933
Le Marteau sans maître, aux Éditions surréalistes, avec une pointe sèche de Kandinsky.	1934
Char, victime d'une septicémie, passe sa convalescence à Céreste, futur lieu de maquis. *Dépendance de l'adieu,* dans les *Cahiers G. L. M.,* avec un dessin de Picasso (mai). *Moulin premier,* dans les *Cahiers G. L. M.* (décembre).	1936
	1937
Dehors la nuit est gouvernée, dans les *Cahiers G. L. M.* Char rédige, sans le signer, le texte de l'enquête « la Poésie indispensable » dans les *Cahiers G. L. M.* *Le Visage nuptial* (imprimerie Beresniak).	1938
Enfants qui cribliez d'olives, poème sur la guerre d'Espagne. Char est mobilisé à Nîmes et part pour l'Alsace jusqu'en mai 1940.	1939

DATES	ÉVÉNEMENTS HISTORIQUES	ÉVÉNEMENTS CULTURELS
1940	Signature de l'armistice entre la France et l'Allemagne.	Mort du peintre Paul Klee.
1942	Rafle du Vel d'hiv. Le port de l'étoile jaune est déclaré obligatoire pour les juifs en zone nord.	
1943	Création de la milice. Institution du S.T.O. (service du travail obligatoire) : enrôlement de force de travailleurs français en Allemagne.	
1944	Débarquement allié en Normandie (juin). Libération de Paris (août).	
1945	Suicide d'Hitler.	Exposition à Paris organisée par Yvonne Zervos pour la Grèce résistante et à laquelle Char participe.
1946	Débuts de la IVe République.	
1947		Exposition de peintures et sculptures contemporaines organisées au Palais des Papes d'Avignon par Y. Zervos. Point de départ du futur Festival d'Avignon qu'animera Jean Vilar. *La Peste* de Camus.
1948	Fondation de l'État israélien. Ben Gourion, chef du gouvernement provisoire. Première guerre israélo-arabe.	Mort d'Artaud à Ivry-sur-Seine. *Jardin en fête* du peintre Jacques Villon.
1949	Traité de l'Atlantique Nord. Naissance officielle de la République fédérale et de la République démocratique allemandes. Charles de Gaulle, président de la République française. Référendum approuvant la Constitution de la Ve République.	*Inter-regnum* de Hans Arp. Georges Braque commence la série des *Ateliers*.
1950	Jérusalem devient la capitale officielle de l'État d'Israël. Guerre de Corée.	*L'Abbé C.* de Bataille. *Chemins qui ne mènent nulle part* de Heidegger.
1951	Création de la Communauté européenne du charbon et de l'acier (CECA).	Exposition Staël à la galerie Jacques Debourg : Char rédige le texte de présentation.
1952	Élisabeth II, reine d'Angleterre.	Mort d'Eluard.
1953	Mort de Staline.	
1955	Chute du gouvernement Mendès France, à l'issue de la guerrre d'Indochine. Graves crises en Algérie et au Maroc. Création du Pacte de Varsovie.	Mort de Nicolas de Staël à Antibes.

VIE ET ŒUVRE DE CHAR	DATES
Char, après avoir assuré pendant la retraite la coordination et la protection de sa colonne au pont de Gien, est démobilisé, puis nommé Maréchal des Logis. Rentré en septembre à L'Isle-sur-Sorgue, il est dénoncé dès octobre comme militant d'extrême-gauche.	1940
Il réussit à s'échapper, pour gagner Céreste dans les Basses-Alpes. Char est devenu actif dans la Résistance. Adhésion à l'Armée secrète (A.S.) naissante. Prend pour nom de guerre *Alexandre*.	1942
Engagement de Char aux F.F.C. (Forces françaises combattantes) comme chargé de mission première classe avec le grade de capitaine. Il est le chef départemental (B. A.) de la section atterrissage-parachutage-région et adjoint au chef régional du réseau Action.	1943
En juillet, Char est appelé à Alger à l'État-Major interallié d'Afrique du Nord. Il y occupe les fonctions d'officier de liaison, directeur de la Villa Scotto, centre des missions parachutées. Son point d'attache est Sidi-Ferruch. De 1939 à 1944, Char interrompt ses publications littéraires.	1944
Char collabore à la Revue *Fontaine* et à l'*Éternelle Revue* créée dans la clandestinité par Eluard. *Seuls demeurent* (Gallimard) vaut à Char de nouvelles amitiés : Braque et Camus.	1945
Feuillets d'Hypnos, dans la collection « Espoir », dirigée par Camus (Gallimard).	1946
Nombreuses collaborations dans la revue *Cahiers d'Art*. Représentation, au théâtre des Champs-Élysées, du ballet *La Conjuration*, rideau de scène et costumes de Braque. Collaboration aux *Cahiers d'Art*.	1947
Création radiophonique du *Soleil des eaux*, réalisée par Alain Trutat, sur une musique de Boulez. *Fureur et Mystère* (Gallimard).	1948
Divorce de Char et de Georgette. *Claire* (Gallimard). Char collabore à la revue *Empédocle*.	1949
Les Matinaux (Gallimard).	1950
Mort de la mère de Char. Début d'une longue collaboration avec Pierre-André Benoit, éditeur. *Poèmes*, recueil illustré de 14 bois de Nicolas de Staël.	1951
	1952
Lettera amorosa (Gallimard).	1953
Publication de *Recherche de la base et du sommet*, suivi de *Pauvreté et Privilège* (Gallimard). Mise en vente publique des « Névons », maison natale du poète. Boulez met en musique trois poèmes du *Marteau sans maître* de Char : création à Baden-Baden.	1955

DATES	ÉVÉNEMENTS HISTORIQUES	ÉVÉNEMENTS CULTURELS
1956	Succès électoral du « poujadisme » en France. Reconnaissance officielle, par la France, de l'indépendance du Maroc et de la Tunisie.	
1962		Mort de Bataille.
1963		Exposition, à la bibliothèque littéraire Jacques Doucet à Paris, de Braque et Char.
1964	Reconnaissance, par la France, de la république populaire de Chine.	Inauguration de la Fondation Maeght à St Paul de Vence.
1965		
1966		Mort de Breton et des peintres Giacometti et Brauner.
1968	Émeutes étudiantes : mai 1968.	Mort de Jean Paulhan. *Article 58* de Varlam Chalamov.
1969	Pompidou, président de la République française. Willy Brandt, chancelier de la R.F.A.	Mort d'Yvonne Zervos, principal soutien de l'art contemporain depuis 1926, avec la revue *Cahiers d'Art,* qu'avait fondée son mari.
1971	Poursuite des affrontements sanglants entre catholiques et protestants en Irlande du Nord. Admission de la Chine à l'ONU.	Mort du peintre Joseph Sima à St Paul de Vence. Odysseus Eliztis, prix Nobel de littérature.
1979	Création du « serpent monétaire européen ».	Mort de Jean Monnet.
1980	L'iman Khomeyni met en place un régime islamique intégriste en Iran. Début de la guerre entre l'Irak et l'Iran. En Pologne, naissance du syndicat libre *Solidarité*, dirigé par Lech Walesa. Ronald Reagan, président des États-Unis (réélu en 1984).	
1981	Mitterrand, président de la République française.	
1983	Mrs Thatcher au pouvoir en Grande-Bretagne.	
1985	Gorbatchev au pouvoir en U.R.S.S.	
1986	Entrée de l'Espagne et du Portugal dans la C.E.E. En France, « cohabitation » politique (Chirac et Mitterrand) et attentats terroristes.	
1987	Kohl au pouvoir en Allemagne. Début des manifestations anti-Israël dans les « territoires occupés ».	
1988	Mitterrand, réélu président de la République.	

VIE ET ŒUVRE DE CHAR	DATES
Création, à Cologne, du *Visage nuptial*, poèmes de Char mis en musique par Boulez : chœurs et orchestre de Radio-Cologne.	1956
La bibliothèque est en feu (Louis Broder), avec une eau-forte en couleur de Braque.	
Pour nous, Rimbaud et *En trente-trois morceaux* (G. L. M.).	
La Parole en archipel (Gallimard).	1962
Lettera amorosa, illustré de 27 lithographies en couleur de Braque.	1963
Commune présence, choix d'œuvres de Char (Gallimard).	1964
La Postérité du soleil de Camus, pour lequel Char écrit une postface que précède le poème *De moment en moment*.	1965
Recherche de la base et du sommet, édition augmentée.	
Publication d'une plaquette : *La Provence point omega*, à l'appui de la campagne de protestation menée par Char contre l'implantation des fusées atomiques en Haute-Provence.	
Mort de Julia, sœur du poète.	
Premier séjour de Heidegger au Thor, proche de L'Isle-sur-Sorgue.	1966
Le Soleil des eaux de Char, tourné à la télévision et diffusé à l'O.R.T.F.	1968
Retour amont, chez G. L. M., avec 4 eaux-fortes de Giacometti.	
Char tombe gravement malade. Début des poèmes du *Chien de cœur*.	
Numéro spécial de la revue canadienne *Liberté* consacré à Char.	1969
Dernier des trois séjours de Heidegger au Thor.	
Numéro spécial de la revue *L'Herne* consacré à Char.	1971
Le Nu perdu (Gallimard).	
Exposition Char organisée par la Fondation Maeght.	
L'automne suivant, l'exposition s'installera au Musée d'Art moderne de la Ville de Paris.	
Fenêtres dormantes et porte sur le toit (Gallimard).	1979
Exposition, à la Bibliothèque Nationale, des « manuscrits de Char enluminés par les peintres du XXe siècle ».	1980
Manuscrit d'*Au-dessus du vent* enluminé par Galpérine.	1981
La Planche de vivre, traductions de poèmes étrangers (espagnols, anglais, russes), en collaboration avec Tina Jolas (Gallimard).	
Œuvres complètes de Char (Gallimard), dans la « Bibliothèque de la Pléiade ».	1983
Accident cardiaque. *Les Voisinages de Van Gogh* (Gallimard).	1985
Exposition *Lettera amorosa* au Musée Pétrarque à Fontaine de Vaucluse.	1986
Exposition de *L'Inclémence lointaine*, poèmes de Char illustrés par Vieira da Silva, au Musée Pétrarque à Fontaine de Vaucluse.	1987
Le Gisant mis en lumière, enluminé par Galpérine.	
Mariage de Char avec Marie-Claude de Saint Seine.	
Mort de Char (19 février).	**1988**
Édition posthume d'*Éloge d'une Soupçonnée* (Gallimard).	

POÉSIE MODERNE...

Pour comprendre René Char, il importe moins de replacer sa poésie parmi celle des poètes français de son époque que dans l'ensemble de la poésie moderne : Arthur Rimbaud, Stéphane Mallarmé, Pierre Reverdy, André Breton, Ossip Mandelstam, Ezra Pound, Paul Celan, Giuseppe Ungaretti, Gottfried Bennn, Rainer-Maria Rilke, Georg Trakl, Thomas S. Eliot, Paul Eluard, Henri Michaux, Saint-John-Perse... On ne saurait suivre de meilleur guide que le grand critique allemand Hugo Friedrich[1] (1904-1978).

Le trait le plus évident de la plupart de ces poètes est leur obscurité, leur hermétisme, qui déconcerte, qui fascine aussi, car il arrive que cette poésie soit saisie et aimée par les lecteurs sans même être comprise. Obscurité dont les procédés et le style sont très différents chez Mallarmé ou Char et chez Breton ou Eluard ; elle n'en est pas moins intentionnelle chez tous ; le poète allemand Benn écrivait que la poésie *« ne doit se consacrer qu'à des choses qui ont mérité qu'on veuille n'en convaincre personne »* ; qu'on relise *Pénombre* de Char : ceux pour qui l'essentiel est né ne peuvent le communiquer sans se nuire. Le poème moderne, écrit Friedrich, s'occupe bien des réalités, choses et hommes, mais il ne le fait pas sur le mode descriptif, avec la chaleur du regard ou la familiarité du toucher : il les transporte dans l'inhabituel, il les rend étrangers. Cette poésie semble ne s'adresser à aucun lecteur, rester un pur monologue, parle d'une voix qui ne serait celle d'aucune personne réelle. Il en découle, entre autres, que le poète recourt souvent à des images dont il ne donne pas la clé et qu'il élimine comme prosaïques les détails préliminaires (lieux, circonstances, personnages) qui pourraient éclairer le lecteur, mais sont étrangers au corps du poème, qui semble se suffire. Nous attribuerions volontiers cette autosuffisance du poème davantage à une recherche de l'intensité qu'aux ambitions métaphysiques ou mystiques dont ces poètes eux-mêmes, depuis Mallarmé, se réclament délibérément.

... ET ESTHÉTIQUE DE L'INTENSITÉ

La même esthétique de l'intensité nous semble rendre compte

1. Dont la *Struktur der modernen Lyrik : von Baudelaire bis zur Gegenwart* (1956) a été traduite en 1976 par M.-F. Demet aux éditions Denoël-Gonthier, sous le titre de *Structures de la poésie moderne*.

d'une grande partie de la peinture moderne, de Cézanne et des Fauves à la peinture abstraite, et de la musique après Debussy. Il s'agit d'éliminer toute règle générale, extérieure à la nécessité de l'œuvre, que ce soit la perspective, la ressemblance, le système diatonique, la forme-sonate, etc. Ce n'est pas qu'il n'y avait plus rien à dire dans la forme symphonique ou dans le système diatonique : c'est seulement que ces obligations, commodes pour le spectateur ou l'auditeur, semblaient des contraintes extérieures à l'œuvre. Ce n'est pas non plus que les vieilles contraintes empêchaient de dire certaines choses neuves : mais qu'on souhaitait dire plus intensément les choses, neuves ou moins neuves, que l'on avait à dire.

La poésie moderne a éliminé ce que Rimbaud appelait la *« vieille rhétorique »* ; la relation du poète au lecteur en est devenue plus difficile : la rhétorique faisait mieux comprendre et partait des habitudes du lecteur. Mais elle abaissait la densité de l'œuvre. Quelqu'un a dit spirituellement que les surréalistes, par la violence et l'étrangeté de leurs images, avaient élevé la teneur en oxygène de l'atmosphère poétique : voilà l'esthétique moderne de l'intensité.

Enfin, depuis le romantisme allemand et, en France, depuis Mallarmé au moins, s'est développée chez les écrivains une sorte de « religion de la poésie » ou de l'écriture. Si l'on était curieux de s'en informer, on pourrait lire, par exemple, *La Condition poétique* (Gallimard, 1959) de René Ménard, qui fut proche de Char, ou encore *L'Arc et la Lyre* d'Octavio Paz (Gallimard, 1965, traduit de l'espagnol par R. Munier) ; le grand livre sur la question est celui de Jean-Marie Schaeffer, *L'Art de l'âge moderne : l'esthétique et la philosophie de l'art du XVIIIe siècle à nos jours* (Gallimard, 1992) : livre difficile, dont la lecture suppose une bonne culture philosophique.

SUBSISTANCE MATÉRIELLE ET SOCIALE DU POÈTE CONTEMPORAIN

Quant au type social du poète moderne, on n'oubliera pas, pour en juger, que le non-conformisme et une certaine liberté de mœurs sont traditionnels dans les milieux des arts, de la littérature et du théâtre. On pensera aussi que, depuis la fin du XVIIIe siècle, le type idéal de l'écrivain veut qu'il partage sa vie entre l'écriture, ses amours et un intérêt actif pour la politique, le tout formant les trois activités considérées comme nobles.

De quoi un poète contemporain vit-il ? En 1920 comme de nos jours, les écrivains qui pouvaient ne vivre que de leurs droits d'auteur se comptaient sur les doigts d'une ou deux mains et n'étaient jamais des poètes ; de nos jours, ces derniers publient le plus souvent leurs plaquettes à leurs frais (à compte d'auteur) : il faut donc qu'ils aient des ressources personnelles ou un métier, qui est souvent un métier d'édition. En 1920, la situation était meilleure : auteurs et éditeurs étaient soulevés par un vent d'espoir, par une foi en l'avant-garde et en l'avenir de la littérature, par l'euphorie d'une après-guerre. De plus, le mécénat et la solidarité des artistes entre eux jouaient un rôle plus grand que de nos jours. Telle plaquette de Char a été publiée grâce à la fortune d'une grande famille, les Noailles (qui ont été aussi les mécènes de *L'Âge d'or* et du *Chien andalou* de Buñuel), grâce aussi à la généreuse patience de l'imprimeur Union.

Une ressource était la vente des manuscrits autographes à des collectionneurs : grâce à Eluard, Char a pu vendre ainsi celui d'*Artine* ; beaucoup de ses manuscrits, aujourd'hui très dispersés, auront le même sort. Une autre ressource était les « beaux livres » pour bibliophiles, à tirage limité et à typographie somptueuse, que réhaussait une eau-forte réalisée par un jeune artiste déjà connu : le prix élevé que, grâce à l'illustration, atteignaient ces livres permettait au poète de vivre. Picasso (cf. pp. 50 et 82), Kandinsky (cf. p. 28) et Dali ont illustré, avant-guerre, des poèmes de Char. Les jeunes peintres rendaient ainsi service aux jeunes écrivains.

Après la guerre et la parution de *Seuls demeurent*, Char publiera sans difficulté ses œuvres, le plus souvent chez Gallimard : il sera l'un des rares poètes à ne pas publier à compte d'auteur en tout ou partie ; toutefois, malgré un nombre d'exemplaires vendus assez élevé pour de la poésie, ses droits d'auteur annuels ne se comptaient jamais que par quelques dizaines de milliers de francs (1994).

L'ENFANT ET LES PAYSAGES

S'il s'agit de paysages, Char aimait ceux où il s'était promené à pied : Alsace, Provence, Vexin, Yonne... S'il s'agit de son enfance, le Comtat Venaissin, où il est né, devait rester le lieu des symboles.

Nous avons déjà parlé de ces paysages-là (cf. p. 71, n. 3; p. 107, n. 3; p. 134). La *« douce »* Provence est un terroir agité et âpre, où les os de la terre font saillie ou percent le sol. Fontaine de Vaucluse est l'issue d'une rivière souterraine; elle sort d'une caverne avec une puissance que connote *« l'arc tout-puissant »* que lui attribue le poète (cf. p. 71, l. 6); son cours torrentueux *« se chasse des flancs maternels »* d'un amphithéâtre de collines abruptes. Char est né et a grandi tout près de cette source qui donne naissance à la Sorgue, rivière de sa vocation (cf. pp. 69 et 73). *« Les premiers instants »* qui donnent son titre à un poème (cf. p. 71) sont à la fois ceux de cette rivière et ceux où le futur poète est devenu ce qu'il devait être. Les allusions privées vont sans doute plus loin; que signifient, dans la même page, les mots : *« Quelle intervention eût pu nous contraindre? »* On sait, par une photo (cf. p. 200) et par la légende que Char y a inscrite, que, lorsque ses parents amenaient l'enfant devant la source, *« on ne pouvait* [l']*arracher au trou ». Les Premiers instants* sont une confession qui relate une émotion fondatrice.

Rien, dans la famille de René Char, ne préparait l'enfant à une destinée d'écrivain. Le père, personnalité énergique *« aux yeux méditatifs et bons »*, devait mourir alors que l'enfant avait onze ans; son fils l'aimait beaucoup, mais, s'il avait vécu, un conflit aurait éclaté : *« Mon père aurait voulu que je devienne polytechnicien ou quelque chose de ce genre »*, racontera le poète; c'est la clé du *Bruit de l'allumette* (cf. p. 132). Avec la mère, autre personnalité forte ou du moins autoritaire, les rapports furent ambivalents : *« Ma mère disait : "René n'est pas comme tout le monde, il faut le faire rentrer dans le rang" »*, confiait en substance le poète; soixante ans plus tard, il exprimait encore envers elle, morte depuis longtemps, une fureur souffrante, faite d'amour déçu. Lui aussi l'avait déçue : elle (et le père aussi, sans doute) auraient voulu fonder une dynastie bourgeoise.

Dans *Suzerain*, on l'a vu (cf. p. 127), *« les hommes de mon enfance »* et *« l'Ami silencieux »* ne sont autres que le petit René lui-même, ou des personnages de ses rêveries du soir. Mais ils avaient des modèles très réels, qui étaient les fréquentations préférées du garçonnet : un vieil homme, surnommé l'Armurier, ancien communard de 1871 qui lui avait enseigné, entre autres choses, la carte du ciel et les noms des constellations;

Photographie au dos de laquelle René Char a écrit :
« Devant le gouffre de Vaucluse. (On ne pouvait pas m'arracher au trou.)
Mon père, ma mère, mes deux sœurs.
Je suis au bord de l'eau, avec une petite fille (1916). »

Louis Curel (cf. pp. 63 et 67), le faucheur (cf. p. 88, n. 2), et son fils François (cf. p. 168). Il fréquentait aussi ceux qu'il appellera *« les Transparents »* (cf. p. 172, n. 2), vagabonds qui parcouraient la bourgade (cf. p. 127, n. 2) en quête d'un logis et d'un repas, qu'ils payaient en chantant ou en racontant des histoires à un cercle d'auditeurs.

Le poète fera d'eux, un jour, les personnages épisodiques de féeries shakespeariennes. Mais, contre sa famille, la révolte de l'adolescent était inévitable : contre sa mère et contre le frère aîné, pesant personnage qui plus tard, sous Pétain, fera des conférences de propagande en faveur du régime. De la révolte contre la famille, la révolte contre la société n'est pas loin ; à vingt ans, Char aurait aimé poser des bombes comme les anarchistes (cf. p. 202).

Le garçonnet poursuit ses études, plutôt médiocres, au lycée de la ville voisine, Avignon. Char sera un jour un homme de culture, grand lecteur, grand connaisseur en peinture ; mais rien de ce qu'on enseignait en classe ne l'intéressait, sauf la botanique. À tout moment, le garçon se perdait dans sa rêverie d'un monde imaginaire à la félicité et à l'innocence paradisiaques, celui de *Jacquemard et Julia* (cf. p. 29), celui qu'il retrouvera un jour dans les tableaux mythologiques de Poussin : Eden qu'il appellera, en termes trompeurs, le *« pays natal »* (cf. p. 151, n. 2). Mais d'autres textes (*Je me voulais événement*) attestent que l'angoisse de la mort tournait déjà comme une roue de moulin dans le cœur de l'enfant (cf. p. 126, n. 4). Très tôt, celui-ci avait fait aussi la découverte de la beauté féminine, chez la nourrice qui le gardait ou chez sa sœur aînée Julia. Durant toute son existence, le fond d'angoisse ne connaîtra de répit que grâce à la féminité ou à la création littéraire. Comme on l'a vu, amour et poésie seront pour lui presque synonymes.

Après une jeunesse avide de vivre et d'aimer, insoucieuse d'écrire (cf. pp. 79, n. 2, et 116, n. 6), Char publie quelques textes dans des revues provinciales, puis, à l'âge de vingt-deux ans, envoie à Paul Eluard, dont il avait lu *Capitale de douleur*, une plaquette tirée à 26 exemplaires. Elle suffit à décider Eluard à faire le voyage de Paris à L'Isle-sur-Sorgue. Peu après, Char partait pour Paris, où André Breton agréait son admission au groupe surréaliste. Ainsi donc, en décembre 1929, Char rompait avec une petite revue, *Méridiens*, dont il était le directeur ; parlant de la société française« que je vais dorénavant combattre de toutes mes forces », il ajoutait : « C'est désormais avec les hommes qui ont nom Paul Eluard, André Breton, Louis Aragon, que se traduiront mes efforts. »

Trois détails, il est vrai, le distinguaient de la plupart de ses nouveaux compagnons : il était très poli, et intraitable plutôt qu'insolent ; il avait plus de goût qu'eux en matière de peinture ; politiquement, il n'était d'aucun parti.

RENÉ CHAR ET LE SURRÉALISME

Or donc, tous les après-midi, au café *Le Cyrano,* place Blanche, devant un mandarin-citron, les surréalistes, peignés, cravatés, strictement vêtus, se réunissaient, entourés d'un essaim de jolies femmes hardies, pour en finir avec la famille, la patrie, la religion et le capitalisme, promouvoir l'indistinction de la réalité et du rêve et faire de la littérature. André Breton était leur pape, de par son passé et son âge avancé : il avait, comme Eluard, trente-cinq ans. En cette année 1930 venaient d'être admis dans le groupe le cinéaste Buñuel, le jeune René Char et Salvador Dali, qui, à cette époque, avait encore du talent et quelque dignité. Aragon, qui faisait lui aussi partie des « anciens », s'associa à Breton et Eluard pour placer très haut ces trois recrues *« qui possèdent des moyens d'expression extrêmement précieux pour la vie de ce groupe ».*
Groupe dont, au cours des années suivantes, Char allait s'écarter de plus en plus. Mais l'année 1930 est celle de l'adhésion complète. Dans *Le Surréalisme au service de la Révolution,* organe du groupe, Char écrit, dans un hommage collectif à Sade : « *La question se pose comme*[nt] *Ravachol* [célèbre terroriste anarchiste des années 1890] *posait ses bombes. Dans toutes les capitales du monde capitaliste,* etc. » ; on voit le ton. La même année, Breton, Char et Eluard s'associent pour écrire *Ralentir travaux* (cf. p. 170, n. 1), et Eluard et Breton rédigent en commun, sous la forme d'un pastiche des « petites annonces » des journaux, le prière d'insérer d'*Artine* (cf. p. 167). Ce prière d'insérer, aussi poétique qu'impayable, suffit à évoquer le parfum de ces grandes années. On voit aussi que le surréalisme a servi de modèle au style de 1968 et à son goût de la parodie.
À titre d'échantillon de ce que fut le surréalisme, continuons la chronique. Encore 1930 : à Montparnasse, les surréalistes attaquent un bar qui avait l'impudence de s'appeler *Maldoror* et de se réclamer de Lautréamont ; dans la bagarre, Char est blessé d'un coup de couteau. 1931 : Char cosigne le tract *Ne visitez pas l'Exposition coloniale* (pp. 162, n. 3, et 191). Buñuel tourne *L'Âge d'or*, où, entre autres surprises, on a celle de voir le Christ représenté comme un héros de Sade ; le film est interdit par la police, et les surréalistes, dont Char, protestent contre l'interdiction. 1932 : Aragon, devenu communiste, essaie de noyauter le surréalisme au profit de son Parti ; Char cosigne le tracte *Paillasse !,* où la manœuvre est dénoncée. Fin 1934 : Char s'éloigne définitivement du groupe.

Prétendre mesurer l'influence du surréalisme sur Char serait un problème ennuyeux et faux. Aucun des écrivains du groupe ne ressemblait à l'autre, et l'esthétique chère à ce mouvement (magie, onirisme, intensité, hermétisme, préciosité aussi) ne lui appartenait pas exclusivement ; on adhérait au groupe parce qu'on partageait ses idées, et non l'inverse. La seule marque d'appartenance précise est la plus médiocre : la piété de tous pour le « pape » Breton et la manie de singer ses tics littéraires ; Char les singe en 1931, dans trois pages de *L'Action de la justice est éteinte,* puis ne voudra plus jamais entendre parler de Breton (cf. pp. 44, n. 2, et 136, n. 2).
Il reste que c'est par la porte du surréalisme que Char est entré dans le monde littéraire et artistique. Mais il est non moins vrai que ses idées de révolté et ses tendances littéraires ne pouvaient guère l'incliner à frapper à une autre porte ; on l'imagine difficilement frappant à celle de la *Nouvelle Revue Française* et d'André Gide.

RENÉ CHAR ET LA RÉSISTANCE

On ne peut éviter de parler d'Histoire ici. Devant les triomphes des nazis en 1940-1941, très peu d'Européens avaient compris la véritable ampleur du drame ou plutôt accepté de la voir en face : Hitler se proposait d'établir la domination du Peuple des Seigneurs aryens sur toute l'Europe jusqu'à l'Oural ; de réduire le reste de l'Europe à l'état de peuples vassaux au service des maîtres ; d'anéantir les Juifs par les gaz et les Slaves par la famine, pour aryaniser les terres russes vidées de leurs habitants ; enfin, de faire régner une nouvelle morale, dite païenne, de la force et de la race. Un libre propos de Hitler suffira ; au lendemain de la prise de Paris, Hitler déclara : « *Préparez un décret dans lequel j'ordonne la pleine reprise des constructions de Berlin. Je me suis souvent demandé, dans le passé, s'il ne fallait pas détruire Paris. Mais, lorsque nous aurons terminé Berlin, Paris ne sera plus que son ombre ; alors, pourquoi le détruire ?* » L'opinion française préférait s'imaginer que la victoire allemande n'était que la revanche allemande sur 1918 et qu'il fallait seulement amadouer le vainqueur ; quant à la droite au pouvoir, collaboratrice ou pas (cette nuance est passablement illusoire), elle ne voyait dans la victoire allemande que l'occasion rêvée d'en finir avec l'agitation ouvrière et de réaliser sa politique de hiérarchie sociale et d'ordre moral. En mai 1940, quand, devant les victoires nazies, il fut question d'armistice, un ministre français avait essayé en vain de faire voir la vérité à ses généraux : « *Vous vous imaginez,* leur dit-il, *qu'Hitler est un gentleman comme Bismarck, qui se contentera de nous reprendre l'Alsace-Lorraine ; mais Hitler, c'est Genghis-khan.»*

Char avait compris qu'il ne s'agissait pas d'un conflit franco-allemand de plus, mais d'une catastrophe d'envergure millénaire ; l'ampleur de roman de science-fiction qu'avait la politique nazie ne put être entièrement mesurée qu'après la Libération. Après la découverte du génocide juif, Char écrivait (à Dominique Corti) : *« Ceux qui pensent que l'exagération et l'outrance sont toujours de rigueur dans les comptes rendus de la vie politique des peuples ont, durant onze années, haussé les épaules quand on leur affirmait que, dans le plus grand quartier de l'Europe, l'Allemagne, on s'occupait à dresser, on installait dans sa fonction un formidable abattoir humain tel que l'imaginaire biblique se serait montré incapable de le concevoir.»*

Sur l'état de l'opinion française en 1940 ou 1941, voici ce qu'écrit un historien actuel (Jean-Pierre Azéma) : *« Prenons pour guide Jean Cassou et relisons ce livre remarquable qu'est* La Mémoire courte : *au mieux, nous dit-il, chacun est rentré chez soi* [après la défaite de 1940] *en se recroquevillant dans la passivité, l'indifférence et la morosité ; au pire, les grands sentiments cèdent, et on se donne à un Philippe Pétain qui fait appel au bon sens pour imposer (au milieu d'un conformisme que, rétrospectivement, nous trouvons stupéfiant) des solutions qui se veulent simples et consensuelles : un redressement moral et intellectuel pour se refaire une santé, la Collaboration d'État pour faire bouillir la marmite et pouvoir tirer son épingle du jeu quand s'ouvriraient les pourparlers de paix. Résister, dans ces conditions, alors que les guerriers du Reich continuaient de caracoler, apparaissait l'entreprise irresponsable, tout juste bonne à déclencher des représailles, de quelques têtes brûlées et marginales.»* Qu'on ait pu s'imaginer qu'un Hitler accepterait qu'une peuplade inférieure ait avec lui des *« pourparlers »* suffit à mesurer l'ampleur des illusions.

Les choses étant ainsi, pour qu'une poignée d'hommes, en 1941, entreprît de résister, trois conditions s'imposaient à eux : qu'ils eussent le courage d'affronter la mort et la torture ; qu'ils eussent celui d'affronter la mauvaise réputation de provocateur et de marginal ; qu'ils eussent celui de voir la réalité plutôt que de se réfugier, comme tout le monde, dans les illusions à demi rassurantes.

Pour un écrivain, un artiste ou un intellectuel, une quatrième condition s'y ajoutait : qu'il consentît à sortir de sa tour d'ivoire et à s'intéresser au destin commun. Il fallait aussi ne pas se laisser influencer par la propagande officielle, ne pas entrer dans le cercle de ses argumentations, dans ce que Char appelle le *« contentieux des massacreurs »* (cf. p. 57, l. 8). *« Je*

Le bureau de René Char aux Busclats, 19 février 1988, jour de la mort du poète.

n'entends pas parler de monstres/Je les connais ils ont tout dit», écrivait Eluard de son côté.
À peu près seul de son espèce, Char s'était fait une règle de ne pas publier une ligne sous le régime nazi et ne publia rien de 1940 à 1944 ; il ne voulait pas contribuer à susciter une apparence de normalité. Les nazis voyaient d'un bon œil les plaisirs et les jeux fleurir chez leurs sujets français : Paris était le lieu de repos de leurs guerriers, et ce peuple léger, s'il s'amusait, serait plus docile encore. À une proposition que lui firent de jeunes surréalistes, Char répondit qu'il ne pourrait leur donner que des textes invitant à résister.
Au total, il nous semble que l'action résistante de Char, si peu nationaliste, si peu politique, si peu idéologique, limitée au présent, relève de cette *«politique de la compassion»* qui a été brillamment analysée et défendue par Luc Boltanski.
On sait qu'après la Libération Char a renoncé à une carrière politique qui s'offrait à lui, tout en prenant très au sérieux les devoirs du citoyen (négliger de voter était à ses yeux une faute grave). Il avait une grande autorité naturelle et le sens de l'organisation et du commandement, mais aucun désir de les exercer. La Résistance l'avait passionné comme poète (le nazisme était l'antipoésie) et comme homme généreux à la moralité exigeante. Mais ses passions fondamentales étaient l'angoisse et le goût de la félicité, et donc la poésie, plutôt que le pouvoir, passion si répandue (elle fait fonctionner notre civilisation, avec ses millions de bureaucrates et de contremaîtres). Les hommes lucides et les révoltés restent à l'écart des *«chicanes du pouvoir»*, écrit-il dans *Les Voisinages de Van Gogh*. La dernière image qu'on ait emportée de lui est celle de sa table de travail, aux Busclats, couverte de lettres et de livres, hérissée de stylos et de crayons de couleurs (il dessinait beaucoup) ; les journaux, plusieurs chaque jour, sont dans un coin (cf. photographie, p. 205).

AVANT LA SECONDE GUERRE MONDIALE

« Quel beau livre, oui. Depuis que je le relis, j'y suis plus attaché qu'à ma tête. »
Paul Éluard, lettre à René Char, 10 septembre 1931, à la parution d'*Artine, D.R.*

« Vos livres, qui sont magnifiquement publiés, me plaisent par la fraîcheur incorruptible de leurs textes. »
Carlo Suarès, lettre à René Char, 30 novembre 1931, *D.R.*

« Une Italienne de Corot *est un chef-d'œuvre. Je suis heureux de voir que tu continues à travailler. Rien de ce que tu fais ne sera perdu. »*
Paul Éluard, lettre à René Char, 10 juillet 1937, *D.R.*

DE *FEUILLETS D'HYPNOS* (1946) À *FUREUR ET MYSTÈRE* (1948)

« Char tient sa lumière de sa liberté et c'est magnifique. Il a usé de sa force contre toutes les facilités. Ainsi est-il un des plus grands et le plus sûr. »
Joë Bousquet, lettre à Gaston Puel, 2 février 1947, *D.R.*

« La fréquentation de René Char tonifie et exalte, éveille en nous désirs et courages. "Salut à celui qui marche en sureté à mes côtés au terme du poème. Il passera demain DEBOUT sous le vent". *La promesse s'est réalisée parce que le guide a dissous murs et barrières, réuni nos têtes sous la couronne de ses pouvoirs. Avec lui, nous sommes compagnons, nous sommes frères. »*
Maurice Nadeau, « René Char, poète de l'échange », in *Combat*, 14 octobre 1948.

« Quand on gémit que la littérature se meurt dans la France d'aujourd'hui, c'est peut-être qu'on ne la cherche pas là où elle est forte et vivante. Une œuvre poétique, déjà riche d'antécédents solides, s'accroît sous nos yeux et gagne presque chaque année en pureté, en énergie, en beauté incorruptible. »
André Rousseaux, *Le Figaro littéraire*, 27 novembre 1948, au moment de la sortie de *Fureur et Mystère.*

« Il [René Char] *incarne cette flèche imbrisable que le Moyen Âge a poussée jusqu'à nous à travers la Renaissance. »*
Joë Bousquet, lettre à Gaston Puel, 2 juillet 1949, *D.R.*

8 oct. 29

Cher Monsieur,

N'est-il pas possible que no
nous connaissions mieux ? Ne
pensez-vous pas venir à Par
Je serais heureux de vous
dire combien j'aime vo
poèmes — tout ce si
beau livre.

Paul Éluar

3. rue Ordener
Paris 18e

DES *MATINAUX* (1950) À *RECHERCHE DE LA BASE ET DU SOMMET* (1955)

« Entre les furtives lueurs qui nous animent, il n'en est pas de plus étrange, de plus belle, de plus digne d'être aimée. J'imagine quelqu'un ne pouvant longtemps se passer de lire et de relire ce livre, À une sérénité crispée, *et de s'imprégner de sa vertu. »*

Georges Bataille, *Critique*, octobre 1951.

« À la parole de Hölderlin fait écho, cent quarante ans plus tard, celle d'un autre poète, René Char, le plus digne en ce temps de lui répondre. »

Maurice Blanchot, *Les Temps modernes*, mai 1952.

« Je ne sais si notre époque se rend exactement compte de ce que Char est en train de lui laisser. »

Pierre Guerre, *René Char*, Seghers, 1952.

« Vous êtes vous aussi dans le torrent, voilà pourquoi, toujours sous le regard de ceux que fascinent les remous d'eau claire, toujours présent dans la limpidité du ciel de l'atmosphère, vous écrire serait si vain, on ne saurait plus quoi vous dire. Il suffit de penser à vous, et si souvent, pour sentir la chaleur d'une poignée de mains, et la vôtre est pleine de grains. Je veux dire de beaux poèmes... »

Pierre Reverdy, lettre à René Char, 1955, *D.R.*

« Royaume du grand air, c'est l'univers de Char. Nulle poésie ne sent moins le renfermé. Rien de plus salubre, de plus tonique n'avait paru depuis Nietzsche. »

Gabriel Bounoure, *Base et sommet de la Poésie de Char*, N.R.F. n° 38, Gallimard, février 1956.

DE *LA BIBLIOTHÈQUE EST EN FEU* (1956) À *LA PAROLE EN ARCHIPEL* (1962)

« Cette œuvre est parmi les plus grandes, oui vraiment les plus grandes, que la littérature ait produites. Depuis Apollinaire en tout cas, il n'y a pas eu, dans la poésie française, une révolution comparable à celle qu'a accomplie René Char. »

Albert Camus, extrait de la conférence de presse donnée à Stockholm avant la remise du prix Nobel de littérature, décembre 1957, *D.R.*

« Char représente une concentration du langage, une qualité,une fermeté qui, dans la poésie contemporaine, sont des

19 Janvier 1948

Cher Antonin Artaud,

J'ai pris, évitant les intermédiaires hila[res],
l'habitude de penser à vous dans l'inconnu
et l'absence de propos. Ainsi se maintiennent
intacts l'attachement que je voue à votre
œuvre et l'affection que j'éprouve pour
votre personne. Les circonstances m'ont
appris "l'économie" des très rares volcans
et aussi le pouvoir d'évaporation de tout
ce qui a du prix, pour peu qu'on veuille
l'appréhender. Je verrai, désormais, brisant
le crâne des horloges, l'apocalypse de
Van Gogh s'universaliser à travers votre
Votre charrue laboure ce monde perdu,
solaire et rend à leur course passionn[ée]
les inextinguibles météores que les bourreaux
de toujours tentent d'enfouir dans
leur fumier.

Merci, cher Antonin Artaud,
de vivre dans le feu des blés.

Croyez-moi, je vous prie, votre

René Char

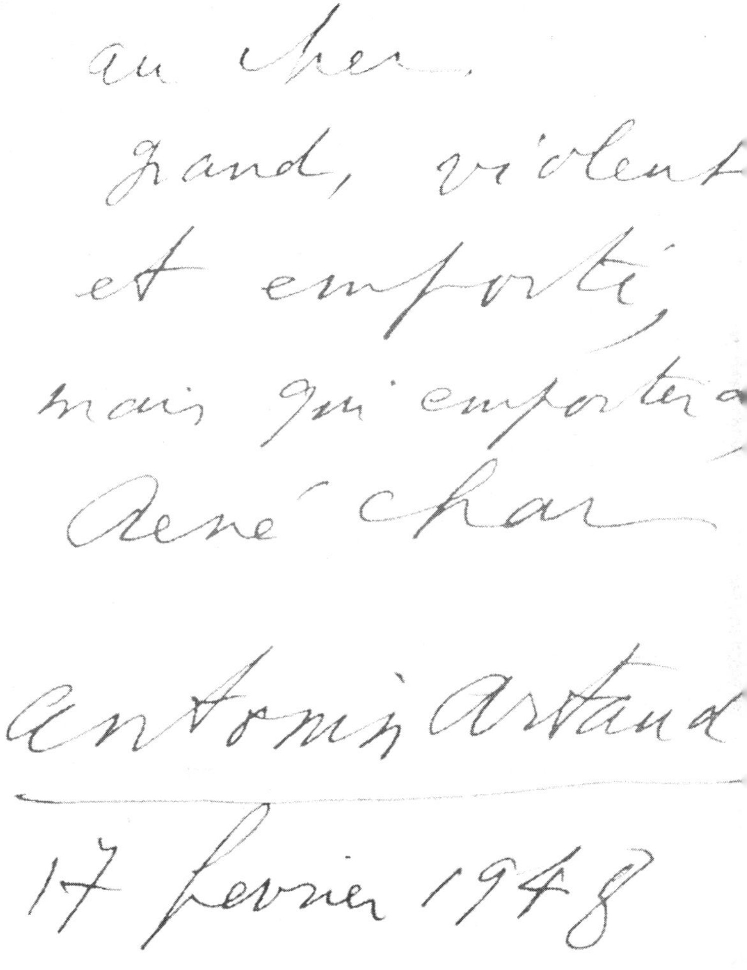

au cher
grand, violent
et emporté,
mais qui emportera
René Char

Antonin Artaud

17 février 1948

Antonin Artaud est mort moins de trois semaines après cet ultime autographe à René Char.

Monsieur René Char
Céreste
(Basses-Alpes)

modèles... J'aime par-dessus tout, la violence taillée de sa parole, son paroxysme exemplaire, sa pureté...»

Pierre Boulez, *in* Antoine Golea, *Rencontres avec Pierre Boulez*, Julliard, 1958.

«J'aime beaucoup l'esprit qui remplit vos pages. Cette manière de rafraîchir le souvenir dans l'expression afin que la chose aimée, vue, vécue redevienne réalité; de parler la pleine langue de la réceptivité, cette profondeur nonchalante *d'une belle mémoire et d'un art qui touche toujours au but.* Le Deuil des Névons... *j'étais dans ce parc, je me reconnais dans ces lignes, dans cette musique, dans l'abandon de la conclusion qui se plaint et pleure.»*

Boris Pasternak, lettre à René Char, 1958, *D.R.*

«Poésie contre le discours, contre l'éloquence, plus proche du mot que de la phrase, plus proche du geste que du mot, elle n'est pas environnée par d'autres paroles, portée par un tissu verbal inconnu : c'est le silence qui la cerne. La phrase ne naît pas d'une phrase : elle émerge du silence, c'est-à-dire d'une profondeur intérieure qui ne vient à la surface que par une brusque et décisive explosion. On pense à la fleur soudaine que prépare une germination invisible.»

Gaëtan Picon, *Panorama de la nouvelle littérature française* Gallimard, 1960.

«Char ne souhaite pas seulement l'efficacité du langage, il exige aussi sa beauté; il y croit, il s'en émerveille. Cet artisan scrupuleux ne cesse d'admirer les matériaux qu'il utilise. Ici le langage luit d'un feu tranquille, constant, d'une clarté méridienne...

À tous égards, le genre de René Char semble un génie de réconciliation, d'intégration. René Char éprouve la poésie comme un effort de rédemption après une immémoriale chute. Et sans doute cette tentative de rédemption par la poésie recouvre une sorte de souvenir, la mémoire nostalgique d'un âge d'or.»

Gaëtan Picon, *L'Usage de la lecture*, Mercure de France, 1960.

«Insurgé de nature, Char est capable de réprobations violentes, de critique serrée quelquefois injuste, et de polémique savoureuse; nullement un isolé de tour d'ivoire et de langage secret, malgré le goût qu'il a des mots où envelopper et dissimuler sa pensée; mais un autoritaire défenseur de vastes domaines voulus et faits siens de droit de conquête et très

certainement tout au moins en vertu d'une haute et légitime idée de soi. Conscient enfin de sa « mission d'éveiller ».
Émile Henriot (de l'Académie française), «Petites clefs pour René Char», in *Le Figaro littéraire,* 1961.

DE *COMMUNE PRÉSENCE* (1964) JUSQU'À LA MORT DE RENÉ CHAR (1988)

«Char. Calme bloc ici-bas chu d'un désastre obscur.»
Albert Camus, *Carnets,* Gallimard, 1964.

«[...] Quelques mois plus tard, de retour à Alger, je reçus un visiteur imprévu. Grand, vêtu d'un battle dress, *parlant avec un fort accent méridional, il arrivait du maquis qu'il commandait en Provence. Avant même de se présenter, il déposa devant moi un exemplaire clandestin de* FONTAINE : "Je l'ai trouvé sur le corps d'un de mes hommes tué au combat", *me dit-il,* "j'ai pensé que je devais vous le donner". *La couverture portait une tache brune de sang séché. Puis le visiteur se nomma. C'était René Char.»*
Max-Pol Fouchet, *Un jour, je m'en souviens,* Mercure de France, 1968.

«Il n'est aucun poème, aucune ligne de René Char qui ne nous donne le sentiment de l'ouverture. Un espace accru apparaît devant nous, s'illumine en nous. Cet espace s'offre à nos yeux ouverts.»
Jean Starobinski, *Liberté,* août 1968.

«Char, vous avez forcé l'éclair au nid, et sur l'éclair vous bâtissez.
Les dieux coiffent le masque à l'approche du poète, et leurs voies sont obscures. Mais vous, d'avoir un jour, sur votre face, senti passer le souffle de l'Insaisissable, vous n'avez jamais guéri.
Parmi la foule de besaciers, de chiffonniers et d'orpailleurs qui tiennent entre eux la cote des valeurs littéraires comme la cote mobilière, vous marchiez à grands pas vers vos lointains relais, sachant sur quelles pierres nues fut par instants posé le luth de l'étranger...
Et l'on aimait, entre poètes, vous savoir là, sans autre signe d'élection que cet éclair au front. Et vos aînés vous savaient gré de tenir haut et ferme la torche d'athlète qui chemine, sachant à quelle orée de France vous vous étiez un jour levé, seul et sans maître, au chant très sobre du loriot.»
Saint-John Perse, lettre à René Char, 4 août 1970, in *Cahier de l'Herne,* 1971.

« Dans le désarroi de l'après-guerre, la maturité poétique de René Char apparut comme une révélation. Poésie aphoristique, fragmentaire, proche de la pensée d'Héraclite et des philosophes présocratiques. Elle est à la fois le rappel des correspondances entre l'homme et la nature et une méditation sur la création poétique elle-même. Poésie qui se place dans un cadre austère (car elle a pour principal paysage la Provence où est né Char), et la texture de son style est rude ; elle ne tente pas de rappeler ou d'évoquer des sentiments, mais plutôt se propose d'incarner le conflit du langage avec lui-même et de donner à ce conflit une assise dans la réalité. L'écriture de Char procède d'un engagement profond dans l'existence (il a commandé sur le terrain dans la Résistance), et son œuvre est remplie du sentiment d'un neuf commencement, du besoin de chercher à sauver la vie de ses ruines. »
Paul Auster, *Poésie française du xx*[e], Random House, 1982.

« Avec René Char je me suis aperçu que, jusqu'à ce moment, je n'avais pas appris à lire ; j'avais tendance à dévorer les pages au lieu de ralentir en contemplant une simple combinaison de mots : "L'oiseau sous terre chante le deuil sur la terre."/ "Paresseusement s'effaçait de la corniche du toit la fable d'enfance de l'hirondelle successive."/"Seule des autres pierres, la pierre du torrent a le contour rêveur du visage enfin rendu." *Lire un auteur de cette façon, c'était déjà traduire. Alors j'ai osé traduire René Char. »*
Peter Handke, in *Europe*, Salzbourg, 24 mai 1986.

DEPUIS LA MORT DE RENÉ CHAR (1988)

« Pour René Char, la poésie était à la fois affaire de mémoire, de morale et de beauté. Elle était en somme le moyen de vivre droit. [...] *Oui, René Char est là, géant au tumulte renaissant du matin, de l'éclair et de l'inconnu qui vient. »*
André Velter, *Le Monde*, numéro spécial sur René Char, pour un hommage rendu en Avignon en 1990.

« Entendre le silence intérieur : c'est entendre la voix de René Char, celle de tous les jours et de toutes les nuits.
L'engagement de René Char est, d'abord, l'engagement de sa poésie.
Aujourd'hui, où tant de discours de haine et d'exclusion empoisonnent nos existences, la parole poétique de René Char s'impose plus que jamais. »
Edmond Jabès, *Le Monde, ibid.*

CHEZ SAINTE THÉRÈSE ET NOVALIS

Char aimait beaucoup les proses qu'on va lire, traduites de sainte Thérèse d'Avila (Espagne, 1515-1582), qui disent l'intensité foudroyante de l'amour authentique, quel qu'en soit l'objet, absolu, divin ou esthétique :

Larmes d'amour pour la Beauté[1]

•

« De l'union avec Dieu, l'âme conserve une grande tendresse, si bien qu'elle voudrait se dissoudre, non à cause d'une souffrance, mais de larmes heureuses. Elle se trouve baignée de larmes, sans le sentir et sans savoir quand ni comment elle a pleuré. Elle a beaucoup de plaisir à voir l'impétuosité de son feu apaisée par cette eau qui attise encore davantage le feu (ce que je dis là semble être du galimatias, mais c'est ainsi). »

Sainte Thérèse d'Avila, *Libro de la Vida*, XIX, 1 (trad. franç. de Paul Veyne).

Tison suave[2]

•

« Une autre espèce assez ordinaire d'oraison est une sorte de blessure, comme si une flèche, à ce qu'il semble à l'âme, lui pénétrait dans le cœur, la pénétrait elle-même. Elle cause ainsi une grande douleur qui fait gémir, douleur si savoureuse que l'âme voudrait qu'elle ne cesse jamais. »

Sainte Thérèse d'Avila, *Relaciones*, VII (v, éd. Tomas de La Cruz), 17 (trad. franç. de Paul Veyne).

Foudre[3]

•

« Soudain l'image de Notre Seigneur se présente à l'âme pleinement, bouleverse tous ses sens et toutes ses facultés, y met beaucoup de terreur et de désordre, pour les plonger ensuite dans une paix heureuse [...]. Il se produit donc d'abord une grande agitation, puis subitement tout demeure paisible et l'âme se trouve si bien instruite de certaines grandes vérités

1. Cf. p. 79, n. 3 ; p. 183, n. 2.
2. Cf. p. 48, n. 2.
3. Cf. p. 179, n. 2 ; p. 182, n. 1.

qu'elle n'a pas besoin d'un autre maître, car la véritable Sagesse lui a ôté sa stupidité, sans aucun effort de sa part.»
Sainte Thérèse d'Avila, *Moradas*, VI, 9, 10
(trad. franç. de Paul Veyne).

«Le ravissement survient avec une telle rapidité qu'il semble à l'âme qu'elle est emportée au-dessus d'elle-même et qu'elle quitte le corps. Aussi a-t-elle besoin de courage pour s'abandonner dans les bras du Seigneur, pour qu'il l'emporte où il veut.»
Sainte Thérèse d'Avila, *Relaciones*, VII (v), 9
(trad. franç. de Paul Veyne).

«Achevez-moi, beauté planeuse»[1]

•

«Il m'arrive quelquefois (cela a eu lieu aujourd'hui encore, si bien que je m'en souviens bien) de voir mon âme se consumer du désir de parvenir toute entière là où se trouve déjà la plus grande partie d'elle-même. Et elle n'y parvient pas.»
Sainte Thérèse d'Avila, *Libro de la Vida*, XVII, 6
(trad. franç. de Paul Veyne).

«Mourir de ne pas mourir»

•

Char aimait beaucoup aussi les vers qu'on va lire et qui avaient retrouvé une célébrité inattendue auprès de certains surréalistes : Picasso aimait à en citer en espagnol le refrain, *«que muero porque no muero»*; en 1924, Eluard publiait un recueil intitulé *Mourir de ne pas mourir*. En 1939, le poète Pierre Jean Jouve, ami de Char, avait traduit les vers de sainte Thérèse d'Avila en une édition que Char possédait :

«Je vis, mais sans vivre en moi,
Si vive est mon espérance :
Je meurs de ne pas mourir.
Je vis toujours hors de moi,
Car je vis dans le Seigneur
Qui m'a voulue pour lui seul.
Quand je lui donnai mon cœur,
Il y grava pour devise :
Je meurs de ne pas mourir [...].»
Sainte Thérèse, *Poèmes* (trad. franç. de Paul Veyne).

---

1. Cf. p. 142, n. 1.

La Nuit

•

Le poète allemand Novalis, de son vrai nom Friedrich von Hardenberg (1772-1801), célébrait ainsi la Nuit – chère à René Char :

> *« Quel est l'être vivant et sentant qui, entre toutes les merveilles du vaste espace qui nous entoure, n'aime avant tout la Lumière, source de toute joie, avec ses couleurs, ses rayons et ses vagues [...] ? Reine de la nature terrestre, elle appelle toutes les forces à des métamorphoses innombrables, noue et dénoue sans fin leurs alliances, enveloppe de sa forme céleste toute créature terrestre. Sa seule présence révèle les royaumes de ce monde en leur splendeur.*
> *D'elle je me détourne, pour m'incliner vers la sainte, la mystérieuse, l'inexprimable Nuit. Le monde est bien loin, il a sombré au fond d'un abîme et son emplacement est nu et désolé [...]. Comme elle me paraît à présent pauvre et enfantine, la Lumière ! Quelle joie, quelle bénédiction que le Jour s'en soit allé ! C'était donc parce que la Nuit détournait de toi tes serviteurs que tu as semé dans l'espace infini ces sphères lumineuses : pour proclamer ta toute-puissance et ton prochain retour, dans les intervalles où tu es absent ! Plus sublimes que les étoiles qui scintillent nous paraissent les yeux infinis que la Nuit a ouverts en nous. Ils voient plus loin que la lumière la plus affaiblie des astres les plus lointains de l'armée des cieux. Ils n'ont pas besoin de la Lumière pour percer les profondeurs d'un cœur aimant et remplir d'une délectation indicible un espace plus élevé que l'espace. »*

Novalis, *Hymnen an die Nacht,* I
(trad. franç. de Paul Veyne).

CHEZ RENÉ CHAR

Dans la *Chanson du velours à côtes* (cf. p. 138), le symbolisme de la Nuit unit en un même faisceau plusieurs significations distinctes, mais qui se tiennent :
1) la Nuit fait disparaître les vains objets de la réalité diurne, auxquels s'attachent les hommes ;
2) elle exprime le renoncement du poète à ces objets, sa mort au monde du Jour ;
3) elle est une région profonde et obscure de la vie intérieure ;
4) elle traduit l'obscure découverte d'un « quelque chose », d'une ombre sublime qui nous demeure inaccessible et qu'on ne peut que pressentir ; se demander si ce quelque chose est un dieu existant ou si nous ne faisons que vibrer à un sens du divin

ou à un frisson panthéiste, qui ne sont que des dispositions de notre esprit, serait trop demander ; il est impossible et sans intérêt de savoir à quoi correspond cette vibration définitivement obscure : c'est assez de la ressentir. Elle *« reste obscurité »*, en vain essaierait-on de l'*« offenser »*, de l'effracter : jamais l'amant ne parviendra à se confondre en cette aimée.
5) Enfin, en ce poème et dans d'autres textes beaucoup plus explicites, la Nuit désigne l'expérience de l'extase, comme chez saint Jean de la Croix et sa *Noche oscura* ou *« nuit obscure »*.

Bernini, Extase de Ste Thérèse, *église de Ste Marie de la Victoire, Rome.*

L'Inconnu, selon René Char, englobe une auréole de mystère. Mais il est davantage encore : *« Comment vivre sans inconnu devant soi ? »* (cf. p. 187). Prévenons quelques confusions possibles. Sauvegarder cet inconnu ne consiste pas à croire à l'occulte ni même au surnaturel, à réserver la possibilité d'une religion, mais à affirmer qu'en ce monde-ci certaines choses qui nous sont familières ne sont pas réductibles à l'intelligence abstraite : la poésie, l'amour, l'individualité de chacun, l'espérance, le caprice, l'imagination, l'enthousiasme, *« l'inondation, l'herbe folle et le feu »* (cf. p. 164, l. 19-20).
L'inconnu n'est donc pas l'angoisse, vraie jusqu'à en être banale, de l'immense inconnu au milieu duquel vit la minuscule humanité dans son petit cercle de lumière : c'est dans ce cercle même que réside cet inconnu qui, loin d'angoisser, réconforte. Pour parler proverbialement, nous sommes ici aux antipodes de ce qu'on appelle l'esprit cartésien. Tout n'est pas méthodique, planifiable, réductible à des idées claires et distinctes ; l'homme se perd s'il prétend devenir maître et possesseur de la nature. Char dirait que la connaissance par idées claires et distinctes est un savoir *« planchéié »* (cf. p. 172, n. 1). Il y a plus. L'intelligence est une excellente chose tant qu'elle se cantonne en son domaine ; mais il y a en elle une volonté de puissance ; elle veut supplanter ce qui n'est pas elle, elle nie ce qui la dépasse. La théorie littéraire, chez certains, tue le sens littéraire ; une psychanalyse de garçon boucher réduit les extases de sainte Thérèse à de la sexualité sublimée, etc. Affirmer l'inconnu, c'est refuser à l'intelligence la toute-puissance usurpée à laquelle elle prétend.
La conscience de l'inconnu familier préserve l'espérance et le désir et nous inspire une retenue, une pudeur, un respect qui nous sauvent du dessèchement des lumières trop crues et de la fièvre froide des ambitions conquérantes. En revanche, lorsqu'on présume que tout est réductible en formules et que toutes choses, y compris l'homme, vont mieux lorsqu'elles sont organisées, on adopte une attitude générale qui ôte au monde son auréole d'inconnu et tue la rêverie.
Cet inconnu, qui nous est si proche (c'est nous-mêmes), nous semble lointain – la lueur d'une petite flamme à l'horizon –, car, par respect, par réserve, nous évitons de le scruter ; *« supprimer l'éloignement tue »* (cf. p. 187). L'espérance ne va pas scruter ses bonnes ou moins bonnes raisons, sous peine de cesser d'être. Et, comme la poésie se soucie moins d'enseigner que de fixer des symboles dans la mémoire, les idées de Char se concrétisent en une image, celle de la flamme d'une chandelle, dans une page célèbre des *Feuillets d'Hypnos* (cf. p. 158, § 178) et dans une phrase de *Plissement* : *« Une lampe inconnue*

de nous, inaccessible à nous, à la pointe du monde, tenait éveillés le courage et le silence» (cf. p. 64).

Le respect pour ce qui échappe à l'intelligence aboutit donc à se représenter notre esprit comme borné par une masse d'ombre d'étendue indéfinissable ; dans cette nuit, la flamme d'une torche, celle qu'on tient devant le *Prisonnier* de Georges de La Tour, ne révèle qu'elle-même et, loin de dissiper l'obscurité, fait seulement voir qu'il y a de la nuit, où l'on ne discerne rien.

Telle est l'idée que se fait René Char de la vraie lumière. Il y a là une rupture avec la plus vénérable tradition philosophique, pour laquelle la raison, la lumière, les Lumières, sont ce qui dissipe les ombres (Platon, *République,* VI, 507b). Si l'on ne voit *rien*, pour la raison classique, on *n'y voit* pas ; pour Char, au contraire, la flamme d'une chandelle fait voir qu'on ne voit rien.

Finissons sur un texte écrit pendant la guerre (*Feuillets d'Hypnos*, § 229) : *« La couleur noire renferme l'impossible vivant. Son champ mental est le siège de tous les inattendus, de tous les paroxysmes. Son prestige escorte les poètes et prépare les hommes d'action. »*

Merci ma bougie !,
bois peint de René Char.

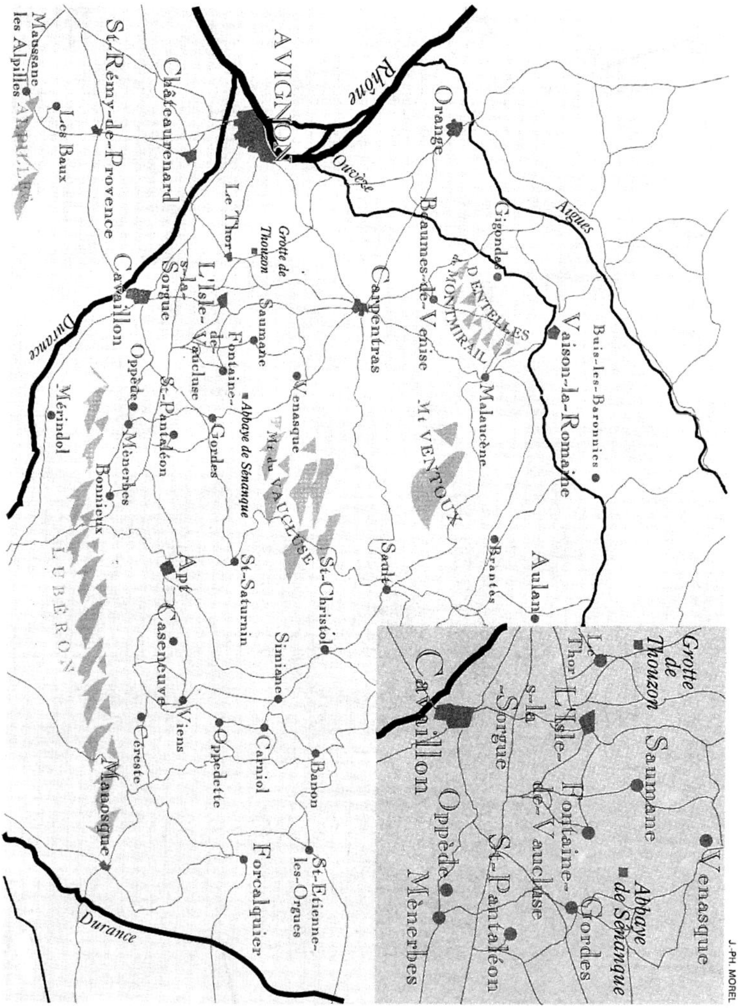
Orange
Rhône
AVIGNON
Ouvèze
Aigues
Gigondas
Vaison-la-Romaine
Buis-les-Baronnies
DENTELLES de MONTMIRAIL
Beaumes-de-Venise
Carpentras
Malaucène
Mt VENTOUX
Brantes
Aulan
Sault
St-Christol
Simiane
Banon
Carniol
Oppedette
St-Étienne-les-Orgues
Forcalquier
Manosque
Durance
Céreste
Viens
Caseneuve
Apt
St-Saturnin
Abbaye de Sénanque
Gordes
Venasque
Mt du VAUCLUSE
Saumane
Fontaine-de-Vaucluse
Grotte de Thouzon
Le Thor
L'Isle-s-la-Sorgue
Cavaillon
Oppède
Ménerbes
St-Pantaléon
Bonnieux
LUBÉRON
Mérindol
Châteaurenard
St-Rémy-de-Provence
Les Baux
Maussane les Alpilles
ALPILLES

J.-PH. MOREL

ÉDITIONS ACTUELLEMENT DISPONIBLES

- René Char, *Œuvres complètes*, « Bibliothèque de la Pléiade », Gallimard, 1983, nouvelle édition 1995 : les poèmes de la période surréaliste ne sont disponibles que dans cette édition collective.
- Les poèmes des années 1945-1988 ont paru en cinq livres de poche dans la collection « Poésie », publiée par les éditions Gallimard :

– *Fureur et Mystère*
– *Les Matinaux, La Parole en Archipel*
– *Recherche de la base et du sommet*
– *Le Nu perdu et autres poèmes*
– *Éloge d'une Soupçonnée,* précédé d'autres poèmes.

LECTURES COMPLÉMENTAIRES

- Marie-Claude Char, *René Char, faire du chemin avec...*, Gallimard, 1992.
- Éric Marty, *René Char,* « Les Contemporains », n° 6, Seuil, 1990.
- Georges Mounin, *La communication poétique,* précédé de : *Avez-vous lu Char ?,* Gallimard, 1969, rééd. « Folio/essais ».
- Gaëtan Picon, *Panorama de la nouvelle littérature française,* Gallimard, 1960, pp. 269-273.
- Gaëtan Picon, *L'Usage de la lecture,* nouvelle édition, Mercure de France, 1979, pp. 121-131.
- Claude Roy, *La Conversation des poètes,* Gallimard, 1993, pp. 261-268.
- Paul Veyne, *René Char en ses poèmes,* Gallimard, 1990.

DISQUES, CASSETTES

- *René Char dit par Laurent Terzieff,* microsillon 33 tours, éditions Seghers, disques ADES.
- *Poèmes de René Char dits par l'auteur,* cassette Radio-France, distribution Audivis, 1987.

MUSIQUE

- Pierre Boulez, *Le Marteau sans Maître,* sous la direction du compositeur, compact disc, CBS Records, MK 42619, 1989.
- Pierre Boulez, *Le Visage nuptial, Le Soleil des eaux,* BBC Symphony Orchestra dirigé par le compositeur, compact disc, ERATO, 2292-45494-2, 1990.

VIDÉO

Richard Copans, *René Char, faire du chemin avec...*, vidéocassette VHS SECAM, éditions du Seuil, 1992.

Imprimé en France, par l'imprimerie Hérissey à Évreux - N° 87478
Dépôt légal : 04559/07/00 - Collection N° 10 - Édition N° 03

16/6501/7